Romana Hasenöhrl
Der Garten in der Tasche

Dank an ...

... Franziska für diese wunderbare Idee und all die Unterstützung

... Oma für gärtnerischen Rat, Gemüse aus dem Garten und Topfenstrudel

... meine Eltern für Pflanzenaufzucht und Fototermine

... Sabine für fotografische Unterstützung sowie Trost und Rat

... Stefan für fotografische und handwerkliche Unterstützung

... Gaby für schreibtechnische Hinweise, Fototermine und den täglichen Applaus

... Romy Sigl vom Coworkingspace Salzburg für die Chance, mein Projekt zu präsentieren

... Chris und Familie für Unterstützung und das kühle Bier am Ende des Tages

... Peppi und Renate fürs Gießen während urlaubsbedingter Abwesenheit

... meinen Vermieter Max, der mit Geduld die Platzübernahme durch den Taschengarten beobachtete

Romana Hasenöhrl

Der Garten in der Tasche

Neue Ideen für das Gärtnern ohne Grund und Boden!

Leopold Stocker Verlag
Graz – Stuttgart

Umschlaggestaltung:
DSR Werbeagentur Rypka GmbH, 8143 Dobl/Graz, www.rypka.at
Titelbild: Mona Lorenz, Gmunden

Bildnachweis:
Heide Hasskerl: S. 65, 81, 86, 97; Wilhelm Hufnagl: S. 143; Mona
Lorenz: S. 148; Sofie Meys: S. 44; Bärbel Ranseder: S. 77; Hanni Reichen-
vater: S. 66, 67, 80. Alle übrigen Bilder wurden dem Verlag freundlicherweise
von der Autorin zur Verfügung gestellt.

Der Inhalt dieses Buches wurde von Autorin und Verlag nach bestem Gewissen
geprüft, eine Garantie kann jedoch nicht übernommen werden. Die juristische
Haftung ist ausgeschlossen.

Bibliografische Information der Deutschen Nationalbibliothek
Die Deutsche Nationalbibliothek verzeichnet diese Publikation in der
Deutschen Nationalbibliografie; detaillierte bibliografische Daten sind
im Internet unter http://dnb.d-nb.de abrufbar.

Hinweis: Dieses Buch wurde auf chlorfrei gebleichtem Papier gedruckt. Die
zum Schutz vor Verschmutzung verwendete Einschweißfolie ist aus Polyethylen
chlor- und schwefelfrei hergestellt. Diese umweltfreundliche Folie verhält sich
grundwasserneutral, ist voll recyclingfähig und verbrennt in Müllverbrennungs-
anlagen völlig ungiftig.

Auf Wunsch senden wir Ihnen gerne kostenlos unser Verlagsverzeichnis zu:
Leopold Stocker Verlag GmbH
Hofgasse 5/Postfach 438
A-8011 Graz
Tel.: +43 (0)316/82 16 36
Fax: +43 (0)316/83 56 12
E-Mail: stocker-verlag@stocker-verlag.com
www.stocker-verlag.com

ISBN 978-3-7020-1513-8

Layout und Repro: DSR Werbeagentur Rypka GmbH, 8143 Dobl/Graz
Druck: Druckerei Theiss GmbH, 9431 St. Stefan

Inhalt

Der Gartentraum –
wie dieses Buch entstand

Ein eigener Garten! Was für eine wunderbare Vorstellung. Ein Garten mit Blumen und Gemüse, ein Garten mit Tomaten und Kräutern, ein Garten, der blüht und uns im Herbst reiche Ernte bringt, das wäre die Erfüllung aller momentanen Wünsche. Leider nur mangelt es an allem – an Grund und Boden, an einem passenden Budget, an Wissen und Geschick. Viele Menschen, die vom eigenen Garten träumen, befinden sich in dieser Situation. Ein Umzug in eine Wohnung mit kleinerem Garten als vorher oder keinem Garten kann die Wünsche nach der grünen Oase genauso dämpfen wie ein Gartenstück, das wenig Humus bietet und das Aufschütten von mehr Erde nicht erlaubt.

Als ich begonnen habe, dieses Buch zu schreiben, mangelte es weder an Wissen noch an Geschick. Ganz im Gegenteil, man sagt mir den berühmten grünen Daumen nach. In meinem Fall fehlten das klassische Beet im Garten und das nötige Budget, um hübsche Blumentöpfe und Kästen zu kaufen, um jeden Quadratmeter rund um Autoabstellplatz und Treppe zur Haustür zu nutzen. Nach einigen Stunden Recherche in Buchhandlungen und im Internet war klar: Ich pflanze meinen Kleingarten einfach in die Einkaufstasche. Nicht in eine einzelne, sondern in alle Taschen und Tüten, die in einem Korb am Dachboden ihr unbeachtetes Dasein fristen. Ein eigener Garten! Der Traum begann Wirklichkeit zu werden.

Die Grundidee zum Taschengarten entstand bei einer Tasse Kaffee und der Unterhaltung über Platzmangel und eine leere Geldbörse. Das ist auch gleich der erste Tipp für die Leser und Leserinnen: Dieses Buch soll ein guter Freund sein, mit dem Ideen zu traumhaften Gartenprojekten diskutiert werden können, nicht ein Ratgeber, der Schritt für Schritt befolgt werden muss. Jeder Mensch hat eigene Ideen und Vorstellungen davon, was hübsch oder praktisch ist – diese umzusetzen gelingt vielleicht mit diesem Buch besser.

Neues zu probieren ist die schönste Herausforderung für den Gärtner – das Scheitern inklusive. Im Garten können Unglücke passieren, von Dauerregen bis zu Schneckenplagen, die große Kunst dabei ist, sich nicht entmutigen zu lassen. Eine Tasse Kaffee, ein paar Notizen für das kommende Jahr, denn Missgeschicke sind schnell vergessen, und weiter geht's.

Kein Platz für den Traum? Taschengärtner werden!

Der Traumgarten in der Einkaufstasche – wenig Budget, viel Spaß!

Wer braucht einen Taschengarten? Die meisten guten Ideen entstehen aus einer Not heraus. Wenn alles perfekt ist, warum sollte man dann eine Verbesserung herbeiwünschen, eine Lösung für etwas suchen? Besteht die Not aus Platzmangel und beschränktem Budget, ist der Garten in der Tasche eine hervorragende kreative Lösung. Im Lauf der Arbeit am Taschengarten-Projekt haben sich aber noch viele andere Gründe dafür gezeigt, den kleinen Traumgarten in Einkaufstüten und Badetaschen unterzubringen.

Wer beschlossen hat, zum Hobbygärtner zu werden oder einfach seinen Balkon mit Blumen zieren möchte, muss vorab einige Investitionen tätigen. Blumenerde, Samen, Pflanzen oder Zwiebeln, Dünger, Hilfen wie Bambusstäbe oder Metallspiralen, an denen die Pflanzen hochranken können, passend dazu Bast zum Hochbinden und natürlich die Gefäße, in denen die Pflanzen wachsen sollen, müssen gekauft werden. Es stehen also einige Anschaffungen ins Haus, bevor es auf Balkon und Terrasse grünt und blüht. Wer hier bereits feststellt, dass die finanziellen Ressourcen nicht ausreichen, kann beim Thema Gefäße gut einsparen. Die Taschen, in die gepflanzt wird, sind im Optimalfall schon vorhanden oder aber können um wenig Geld erstanden werden. Selbstverständlich kursieren in diesem Bereich auch die De-Luxe-Varianten: Sogenannte Pflanztaschen sind bereits im Fachhandel erhältlich und erfreuen sich vor allem wegen ihres im Vergleich zu Töpfen geringen Gewichts großer Beliebtheit.

Eine Frage des Gewichtes

Das Gewicht ist also ein weiterer Grund, sich für den Garten in der Tasche zu entscheiden. Zwar schätzen es Pflanzen nicht unbedingt, wenn sie permanent ihren Standort wechseln müssen, doch einige Male werden die Pflanzen im Lauf eines Gartenjahres transportiert, wenn man sich für das Gärtnern auf Balkon oder Terrasse entschieden hat. Zuerst müssen die Pflanzen in Gefäße gesetzt und an den gewählten Ort gestellt werden, dann stellen die meisten Gärtner vor allem in den Anfangsjahren erst fest, welcher Platz besser geeignet ist und schon wird so ein Pflanzgefäß drei- bis viermal bewegt. In großen, schweren Behältern kann dies zur Kraftprobe werden! Mit den leichten Taschen aus Kunststoff oder Textilien wird diese Arbeit leichter und – sofern die Taschen Henkel haben – auch komfortabler.

Ein triftiger Grund für den Garten in der Tasche ist, wie schon gesagt, auch der Platzmangel. Töpfe und Kästen brauchen, wenn sie genug Erde für die Pflanzen enthalten sollen, einiges an Platz. Zum Begrünen einer Treppe sind sie meistens zu groß. Taschen lassen sich hingegen formen, sodass sie gut an den zur Verfügung stehenden Platz angepasst werden können und dabei auch mehr Erde beinhalten als ein Topf ähnlicher Größe. Bezüglich Gewicht und Platzbedarf haben die Taschen den Töpfen und Kästen also meist einiges voraus.

Die bepflanzte Treppe

Gurkenpflanze in der Badetasche

Platzmangel kann aber nicht nur auf einer Treppe herrschen, sondern auch in einem Beet. Manchmal findet sich neben einer asphaltierten Fläche ein winziges Stück Rasen, das bepflanzt werden könnte, jedoch nur eine Handbreit Erdtiefe bietet. Es kommt auch immer wieder vor, vor allem bei Neubauten, dass sich Gartenstücke auf einer Tiefgarage befinden und der angehende Gärtner somit aus Gewichtsgründen nur eine sehr dünne Humusschicht zur Verfügung hat. In manchen Fällen ist sogar das Aufstellen eines Hochbeetes schon problematisch. Auf Flächen mit nur zehn Zentimetern Erdschicht wachsen maximal Erdbeeren, Blumen und Kräuter, von denen das Grün, nicht aber die Wurzel geerntet werden kann. Für andere Pflanzen ist schlicht zu wenig Erde da. Kartoffeln zum Beispiel wollen reichlich Erde, denn immerhin stellen sie ja die gesamte Ernte unterirdisch zur Verfügung. Was hätte der Gärtner also davon, wenn Kartoffelpflanzen schön blühen und im Herbst keine Früchte in der Erde zu finden sind, weil kein Platz dafür war? Ein klassischer Fall für den Taschengarten! Speziell Kartoffeln lieben es, einfach in einem Sack Jute wachsen zu dürfen. Dieser wiegt kaum etwas, lässt sich transportieren und ist sogar wasserdurchlässig. Dieser Vorteil kann jedoch nur dann genutzt werden, wenn die Tasche auf einem Rasenstück steht. Im Kapitel „Wer die Wahl hat …" soll darauf näher eingegangen werden. Zurück jedoch zur kleinen Fläche, die bepflanzt werden will!

Man stelle sich vor, einen kleinen Flecken mit etwa eineinhalb Quadratmeter Größe neben einem Autoabstellplatz bepflanzen zu wollen. Vor dem Winter werden Tulpen- und Märzenbecherzwiebeln in die Erde gesteckt, Tomaten, Paprika, Erdbeeren, Ringelblumen, Petersilie und Basilikum sollen folgen. Der Frühling wird dürftig beginnen, so hat es die Erfahrung gezeigt. Die Tulpen blühten klein und mager, die Märzenbecher gar nicht. Vielleicht waren die Zwiebeln aufgrund der wenigen Erde, die sie bedeckte, erfroren? Dass das Minibeet halb überdacht war und somit auch keine schützende Schneedecke erhielt, erhärtete diesen Verdacht. Der Frühsommer gestaltete sich etwas besser, die Tomaten- und Paprikapflanzen schienen zu gedeihen und die Erdbeerpflanze entwickelte schnell Früchte aus den Blüten. Es folgten außerdem eine Petersilienpflanze und ein Basilikumstöckchen, die den kleinen Garten zusammen mit den mediterranen Pflanzen schmücken sollten. Die Freude währte genau eine Nacht, dann war vom Basilikum nur noch der Stängel übrig. Schnecken. Diese meist gehassten Feinde des Gärtners machten sich auch über die Erdbeeren her und beschädigten jede Frucht, die einen Hauch von roten Bäckchen entwickelt hatte. Dem nicht genug fand sich in dem heiß geliebten Stückchen Erde auch noch eine Wühlmaus ein und erledigte den Rest.

Fazit im Herbst: zwei Tomaten und eine Paprika geerntet, selbst diesen Pflanzen war also das Erdreich zu dürftig gewesen. Basilikum gefressen, Petersilie vertrocknet – Erde ist halt auch ein Wasserspeicher und wo sehr wenig Erde ist, kann kaum etwas gespeichert werden. Sämtliche Zwiebeln waren von der Wühlmaus angeknabbert worden. Zusätzlich hatte sich das Beet aufgrund der optimal geschützten Lage unter dem Vordach zu einem Katzenklo entwickelt.

INFO | Schädlinge: Schnecken und Wühlmäuse

Der Garten in der Tasche ist kein Entweder-oder-Projekt. Wer bereits stolzer Besitzer eines Gemüsegartens ist, kann das Pflanzen in der Tasche zusätzlich anwenden, um bestimmte Pflanzen, die im Garten besonders gefährdet sind, zu schützen. Dazu gehört sicher das Basilikum – es muss auf Schnecken einen dermaßen betörenden Einfluss haben, dass diese nicht zu bremsen sind. Wie aber kann der **Schneckenbefall** im Garten grundsätzlich gemindert werden, ohne Gift einzusetzen? Es gibt viele Argumente gegen den Einsatz von Schneckengift. Mittel, die für Säugetiere gefährlich sind, wird kein verantwortungsbewusster Gärtner befürworten. Es gibt zwar auch unzählige Präparate, die für Säugetiere, Vögel und Fische unbedenklich sind, viele Menschen möchten aber grundsätzlich kein Gift ausstreuen. In diesem Fall hilft das Absammeln der Schnecken und WEIT Wegbringen, am besten immer am Abend. Zusätzlich ist es ratsam, am Abend nicht mehr zu gießen, denn die Feuchtigkeit der Erde macht den Schnecken den Weg zur Pflanze extrem einfach.

Das wechselweise Aufstreuen von zerstampften Eierschalen, Hanfmulch und Asche im Beet bewirkt ebenfalls das Ausbleiben der Schnecken, allerdings nur bis zum nächsten Regen. Abwechselnd aufgebracht sollten diese natürlichen Mittel deshalb werden, weil sich die Schnecken an ein immer wieder angewendetes Abschreckmittel offenbar schnell gewöhnen und dieses nicht mehr als Hindernis wahrnehmen. Aus der Erfahrung hat sich gezeigt, dass im Frühling Hanfmulch beste Dienste leistet, wenn es zu viel regnet, muss aber immer wieder nachgestreut werden. Der Mulch sollte jedoch keine zu dicke Schicht auf der Erde bilden, da er in der Folge bei besonders starken Regenfällen ein wunderbarer Unterschlupf für Schädlinge wird. Es empfiehlt sich also, den Mulch immer sehr dünn zu streuen, nach jedem Regen nachzustreuen und, sobald man entdeckt, dass die Schneckenanzahl im Beet steigt, auf ein anderes Mittel umzusteigen. Besonders im Sommer kann die Asche vom Grillen verwendet werden.

Grundsätzlich ist das Absammeln der ungeliebten Weichtiere immer noch ein probates Mittel. Das abendliche Aufstellen eines kleinen Gefäßes mit Küchenabfällen lockt die Schnecken dorthin, sie müssen dann aber noch in der Nacht abgesammelt werden. Auch das Auflegen von Holzplanken schon ab dem Frühjahr kann die Schneckenplage eindämmen, denn die Schnecken legen unter solchen Verstecken gerne ihre Eier ab. Am Morgen müssen die Planken dann nur umgedreht werden und die Eier vertrocknen in der Sonne oder dienen als Vogelfutter.

Auch **Wühlmäuse** lassen sich mit einfachen Mitteln vertreiben. Knoblauch im Garten, und zwar an jeder freien Stelle, kann Wunder wirken. Dazu müssen nur einzelne Knoblauchzehen in die Erde eingebracht werden, etwa drei Zentimeter tief. Die beste Zeit dafür ist Oktober – dann kann bereits im darauffolgenden Frühsommer frischer Knoblauch geerntet werden. Ein weiteres wirksames Mittel gegen Wühlmäuse ist das Eingraben von leeren Flaschen mit der Öffnung nach oben – etwa 20 Zentimeter tief in die Erde. Offenbar verjagt das Geräusch, das entsteht, wenn der Wind über die Flasche pfeift, die Wühlmäuse. Auch das Eingraben von Fischkadavern soll wahre Wunder wirken, wurde aber für dieses Projekt nicht getestet.

Gärtnern auf begrenzter Fläche

Der Garten in der Tasche, der viele Jahre später entstand, lässt über diese gärtnerischen Frustrationen nur noch lächeln. Die Lieblingspflanzen der Schnecken stehen nun in Sicherheit auf der Treppe. Tomaten, Paprika und Gurken wachsen in großen Taschen unter der Treppe. Ein Sack mit zwei Kartoffelpflanzen ziert das erdlose Stück, in dem nun in rauen Mengen Ringelblumen und Erdbeeren gedeihen. Und dieser Herbst verspricht reiche Ernte!

Alte Taschen wiederzuverwenden ist nachhaltig.

Nun sind bei Weitem nicht alle Hobbygärtner und Gartenneulinge von den beschriebenen Problemen betroffen – es gibt Glückliche, die genug Platz in ihrem Garten haben, ein großes Gemüsebeet ihr Eigen nennen dürfen, ein Folienhäuschen für die Aufzucht der Jungpflanzen zur Verfügung haben, ein Sortiment wunderbarer Tontöpfe und Holzkästen für die Terrasse besitzen und kein Schneckenproblem kennen. Für diesen Fall kann der Garten in der Tasche ein Anstoß für die Umsetzung wunderbarer Ideen sein. Kleine Kräuterpflanzen in Geburtstagstüten oder Gemüsepflanzen in Einkaufstaschen sind das ideale Geschenk für kreative Köpfe. Auch die weiterführende Literatur über Guerilla Gardening am Ende dieses Buches könnte genau jene Gärtner ansprechen, die für neue Ideen offen sind. Mit dem Pflanzen in Tüten und Taschen ist nämlich bei Weitem noch nicht jede Möglichkeit ausgeschöpft – für kreative Gartenliebhaber bietet sich vom alten Suppentopf bis zum Gummihandschuh alles an, was Erde fassen kann.

Neben dem Wunsch nach neuen Pflanzideen, den dieses Buch sicher erfüllen kann, ist für viele Menschen heute das Thema **Nachhaltigkeit** ein tägliches Anliegen. Was an angeblich nutzlosen Dingen und kaputten Behältnissen täglich auf dem Müll landet, ist für den bewussten Konsumenten kaum mehr zu begreifen. Was liegt also näher, als sich mit der

Frage zu beschäftigen, ob denn jedes Jahr neue, hübsche Behältnisse für Kräuter und Blumen gekauft werden müssen, wenn auf dem Dachboden oder im Keller ungenutzte Ressourcen auf ihren Einsatz warten. Für diese Gartenfreunde ist der Taschengarten sicher eine Bereicherung – denn was liegt näher, als die farbig unpassende Badetasche, die seit zehn Jahren im Keller schläft, einem neuen Einsatzbereich zukommen zu lassen!

Wichtiges in Kürze!

Wer kann von einem Taschengarten profitieren?

- Gärtner ohne Garten und mit sehr wenig Platz
- Gärtner mit schmalem Budget
- Gärtner, die bestimmte Pflanzen vor Schädlingen in Sicherheit bringen möchten
- Gärtner mit kreativem Antrieb
- Gärtner, die „nutzlose" Dinge beleben möchten

Taschen – welche eignen sich?

Welche Taschen sind für dieses Projekt geeignet? Grundsätzlich kann jede Tasche und Tüte bepflanzt werden. Taschengartenbegeisterte stöbern am besten zuerst in Keller und Dachboden und führen somit eine erste **Bestandsaufnahme** durch, was sich an brauchbaren Behältnissen in ihrem Besitz befindet. Badetaschen, Einkaufstüten, Geschenktüten oder Werbetaschen eignen sich genauso wie die Transporttaschen schwedischer Möbelhäuser oder diverser Supermärkte. Die meisten Menschen werden staunen, was bei dieser themenspezifischen Inventur zum Vorschein kommt! Bei dieser Gelegenheit bietet es sich an, auch gleich jene Behältnisse, die für bepflanzenswert befunden werden, zur Seite zu stellen, auch wenn man noch keine Vorstellung hat, womit sie bepflanzt werden könnten. Alte Teekannen, Suppentöpfe aus Omas Jugendjahren, Emailgeschirr, das seine beste Zeit hinter sich hat – all diese ungenutzten Dinge können wahre Schmuckstücke werden, wenn sie liebevoll bepflanzt sind.

Nach den Aufräumarbeiten gilt es, zu entscheiden, welche Taschen sicher nicht mehr benützt werden und welche sich somit für den Garten eignen. Besonders attraktiv sind auch große Jutesäcke, in denen Saatkartoffeln geliefert werden, dazu muss ein Bauer in Ihrer Nähe gebeten werden, welche abzugeben. Jutesäcke in verschiedenen Größen können natürlich auch käuflich erworben werden, bei Bestellungen im Internet gibt es allerdings meistens eine Mindestbestellmenge. Auch alte Einkaufskörbe, Werkzeugkästen oder Keksdosen bieten sich an. Alles, was sich mit Erde füllen lässt, lässt sich auch bepflanzen!

Wer die Wahl hat ...

Grundsätzlich sollte bei der Auswahl der Taschen überprüft werden, ob diese noch intakt sind, also auch keine Löcher oder poröse Stellen aufweisen, aus denen dann Wasser und Erde ausfließen können. Sollte eine Tasche beschädigt sein, jedoch sonst stabil wirken, kann ein Inlay aus Plastik (eine kleine Plastiktasche) verwendet werden. Dies gilt grundsätzlich auch für Papiertaschen und Taschen aus textilen Materialien.

Große Auswahl an Taschen

Kleine Plastiktaschen

Bei manchen Einkäufen erhält man kleine Plastiktaschen, die einen großen Vorteil bergen: Sie behalten, mit Erde gefüllt, wunderbar die Form. Eine herkömmliche Mini-Plastiktüte aus dem Drogeriemarkt ergibt ein Gefäß, das etwa 15 Zentimeter Durchmesser und 25 Zentimeter Erdtiefe aufweist und wunderbar für eine einzelne Salatpflanze geeignet ist. Diese kleinen Taschen können auch für das Vorziehen von Pflanzen in der Wohnung verwendet werden, denn kleine Salatpflanzen sind sehr empfindlich. Sie sind zwar ab April in den Gärtnereien und Gartenmärkten erhältlich, zu der Zeit ist die Witterung draußen allerdings meist noch nicht geeignet für den Pflanzkindergarten unter freiem Himmel. Die Tüten können bepflanzt und vorübergehend in der Wohnung, am Fensterbrett oder auf dem Boden stehen, bis die Zeit der Nachtfröste vorbei ist.

Bei Salat sollte darauf geachtet werden, dass es die Pflanzen nicht zu warm haben, denn dann wachsen sie aus, in der Folge erhält man keine Salatköpfe oder erntefrischen Pflücksalat, sondern Salatbäume mit

*Salatpflanze in
kleiner Tasche*

wenigen Blättern. Sollte eine Salatpflanze also plötzlich massiv in die Höhe sprießen, dann ist es ihr mit hoher Wahrscheinlichkeit zu warm geworden, meist in Kombination mit zu wenig Licht. Das Auswachsen würde unter diesen Umständen aber auch in einem Topf passieren – hier ist der Standort zu wechseln, nicht das Gefäß.

Für Kräuter bestens geeignet

Die kleinen, kompakten Plastiktaschen sind außerdem bestens geeignet für Kräuter wie Petersilie, Basilikum oder Kresse. Für Gemüsepflanzen sind sie zu klein, Paprika und Gurken brauchen wesentlich mehr Erde, um gedeihen zu können.

Vorsicht beim Gießen

Bei den kleinen Taschen muss gut darauf achtgegeben werden, sie nicht zu übergießen, denn im Gegensatz zum Topf kann das Wasser aus der Tasche nicht abfließen und wird auch nicht vom Gefäß aufgenommen, wie es beim Tontopf der Fall ist. Es sollte also in Maßen gegossen und immer wieder überprüft werden, wie nass die Erde in der Tüte ist. Dazu steckt man einfach den Finger in die Pflanzerde – sehr nasse Erde, also Matsch, tut den Pflanzen nicht gut, sie lassen die Blätter hängen (ein erstes Zeichen) und verfaulen, wenn sie weiter gegossen werden. Sehr trockene Erde (die Fingerprobe erinnert an Wüstensand) ist ebenfalls nicht gut, denn die Pflanze verdurstet. Sollte es einmal zu trocken geworden sein, ist darauf zu achten, dass nicht zu viel Wasser auf einmal nachgegossen wird, denn die Erde braucht einige Zeit, bis sie das Wasser aufnehmen kann. Wenn bei trockener Erde plötzlich zu viel gegossen wird, bleibt das Wasser an der Oberfläche stehen und man riskiert die erste Balkonüberschwemmung der Saison.

*Ringelblume in
kleiner Tasche*

Taschengärtner, die die Taschen aus Gründen der Kreativität wählen und genügend Budget für weitere Investitionen in den Garten zur Verfügung haben, können auch die klassischen lackierten Tonuntersetzer, die eigentlich für Tontöpfe hergestellt werden, erwerben und diese unter die kleinen Taschen stellen. Dies hat den Vorteil, dass an der Tasche ein Abflussloch gemacht werden kann. Dazu werden mit einer kleinen Schere zwei Löcher in den Boden der Tasche geschnitten oder einige kleine Löcher mit einem Messer hineingestochen. Nun kann überschüssiges Wasser ablaufen. Der Nachteil daran ist, dass Taschen aus Plastik nun ihre Tragkraft einbüßen und die selbst erzeugten Öffnungen meist weiter aufreißen, wenn die Tasche angehoben wird. Einer der großen Vorteile des Pflanzens in Taschen, nämlich der einfache Transport der Pflanze, geht damit verloren.

Dekorative Reisemitbringsel

Besonders dekorativ sind kleine Plastiktaschen, die man von verschiedenen Reisen mitbringt, sei es aus Supermärkten oder Duty Free Shops. Meist sind die kleinen Taschen extrem kompakt, reißen kaum und stellen einen schönen Kontrast zu anderen Gefäßen her. Denn wer sich entschieden hat, sich der Gärtnerei in Taschen zu widmen, muss deshalb nicht auf Tontöpfe verzichten, gerade die bunte Mischung macht den Reiz! Die kleinen Plastiktaschen sind auch zum Aufhängen auf Balkon- und Stiegengeländern geeignet, allerdings muss dazu unbedingt überprüft werden, wie stabil die Henkel der Tasche sind. Am besten wird die Tasche dazu mit Erde befüllt und dann an einer niedrigen Stelle aufgehängt. Somit wird vermieden, dass die Tasche aus großer Höhe nach unten fällt und die Erde in weitem Umkreis verteilt wird! Wenn nach zwei Tagen keine Dehnungszeichen an den Henkeln auftreten, ist die Tasche zum Aufhängen geeignet.

Aus fernen Landen

In weiterer Folge sollte allerdings darauf geachtet werden, dass

- eine Tasche mit Pflanze frisch gegossen etwas schwerer ist als mit trockener Erde befüllt,
- an Stellen mit starker Sonneneinstrahlung eine enorme Materialbelastung entsteht – Plastik wird bei Wärme weich und bei permanentem Temperaturwechsel brüchig,
- die Tasche in einer Höhe angebracht werden soll, in der man noch gut an sie herankommt, sei es zum Gießen oder zum Ernten.

Außerdem sollte der frisch gebackene Balkongärtner darauf achten, dass, egal welche Gefäße verwendet werden, diese nicht außen am Balkon angebracht werden sollten, es sei denn, es handelt sich um feste Behältnisse mit starken Befestigungen, wie sie für Balkonblumen verwendet werden. Die Gefahr von Taschen und Töpfen, die nach unten auf den Gehsteig fallen, ist sonst zu groß. Bei Geländern zu Wohnungsaufgängen verhält sich dies etwas anders, weil sich diese meist nicht in großer Höhe befinden.

Die Plastik-Einkaufstasche

Klassische Einkaufstaschen aus Plastik haben, was den Taschengarten angeht, ihre Tücken. Die Größe ist wunderbar, denn die herkömmliche Einkaufstasche vom Supermarkt um die Ecke fasst bis zu zehn Liter Erde und ist somit geeignet für die beliebten Balkonpflanzen wie Tomaten, Paprika, Chilis und andere einjährige Pflanzen. Allerdings ist die Qualität der Taschen nicht gleichbleibend, zunehmend werden dünnere Materialien verwendet. Es sollte also bei der Auswahl darauf geachtet werden, dass das Plastik der Tasche fest genug ist, um nicht beim Anheben zu reißen,

Bei herkömmlichen Plastiktaschen heißt es aufpassen – ist die Tasche auch stabil genug?

und vor allem darauf, dass die Tasche die Form behält. Weder Gärtner noch Pflanze haben etwas davon, wenn sich die Tasche beim ersten Gießen zu verformen und zu neigen beginnt und Balkon oder Treppenhaus überschwemmt werden.

Auch hier gilt es, die **Reißprobe** anzuwenden. Am besten füllt man die Tasche der Wahl zuerst halb voll mit Erde und überprüft dann, was beim Anheben passiert. Wenn sich bereits mit der halben Erdfüllung Spuren der Überlastung am Material zeigen (vor allem an den Stellen, an denen die Henkel befestigt sind, wird dies sofort durch Materialverfärbungen durch Überdehnung sichtbar), sollte diese Tasche nicht verwendet werden. Denn auch wenn man den kleinen Taschengarten sorgfältig plant, ist man immer wieder einmal dazu gezwungen, eine Tasche umzustellen. Wenn diese dann, gefüllt mit Erde und Pflanzen, reißt, sind viel Mühe und Arbeit umsonst gewesen.

Die Reißprobe: Tasche mit Erde füllen, anheben und das Material auf Überlastungsspuren prüfen.

Ein weiterer Faktor ist das **Aussehen**. Die meisten klassischen Einkaufstaschen – außer sie sind für ein spezielles Jubiläum oder einen Anlass gestaltet – tragen nicht unbedingt zur Aufwertung der Wohnraum- und Balkongestaltung bei. Viel ansprechender sind im Vergleich die festen Papiertaschen, die in ausgewählten Bekleidungsgeschäften, Süßwarenhandlungen oder Parfümerien erhältlich sind.

Plastikeinkaufstasche mit Pflücksalat

Einkaufstasche aus Papier

Die klassische Einkaufstasche aus Papier eignet sich für Pflanzprojekte nicht gut, da das Papier in Bezug auf die Größe der Tasche relativ dünn ist. Beim Anheben der mit Erde gefüllten Tasche kann es sehr leicht vorkommen, dass diese reißt. Außerdem muss bedacht werden, dass auch nach dem Auskleiden der Tasche mit einer Plastiktüte immer wieder etwas Wasser nach außen dringen kann – eine dünne Papiertasche wird dieser Belastung nicht standhalten und irgendwann vom Boden her aufgeweicht werden. Was aber durchaus dekorativ ist und auch belastungstechnisch funktioniert, ist das Umkrempeln der Papiertasche, bis sie nur noch ein Drittel der ursprünglichen Höhe hat. Mehrere dieser umgekrempelten Taschen nebeneinander sind hübsch anzusehen und stellen die optimalen „Übertöpfe" für kleine Kräuterpflanzen oder Salat dar. Allerdings sind diese Taschen nicht mehr gut zu transportieren, weil der Henkel fehlt, und es muss, wie bei allen Papier- und Textiltaschen, darauf geachtet werden, dass kein Wasser nach außen dringen kann, da sonst das Papier beschädigt wird und die Tasche beginnt, sich aufzulösen.

Salat in Papiertasche

Die klassische Einkaufstüte wird also nur in die engere Auswahl kommen, wenn das Material fest genug ist und den Belastungen der Bepflanzung standhalten kann oder wenn entsprechende Vorbereitungen getroffen werden und die Tasche somit zum **Dekorationselement** wird. Vom Aufhängen der Taschen sollte abgesehen werden, die Materialstärke passt nicht zu der Füllmenge an Erde, die Platz hat!

Die kompakte Papiertasche

Kleine, kompakte Papiertaschen sind beim Einkaufen in Boutiquen, Parfümerien, Bekleidungsgeschäften und Geschenkeläden erhältlich. Vom italienischen Modeladen bis hin zur Chocolaterie – die hübschen Papiertüten will man nicht einfach wegwerfen. Papiertaschen, die aus einem festen Material gefertigt sind, vorzugsweise einen eingelegten Kartonboden besitzen und über gut befestigte Henkel für den Transport verfügen, eignen sich hervorragend zum Bepflanzen. Diese Taschen müssen aber vorbereitet werden, wenn sie Heimat für Pflanzen werden sollen, denn wenn sie nicht gegen das Gießwasser geschützt werden, lösen sie sich rasch in ihre Bestandteile auf. Das bedeutet, die Papiertaschen benötigen einen **Schutz aus Kunststoff**.

Frühlingsblumen in Papiertasche

Diese verstärkenden Plastiktüten in passender Größe müssen nicht gekauft werden – in den meisten Haushalten findet sich eine ansehnliche Sammlung von Plastiktaschen von diversen Einkäufen, die nicht so hübsch sind, dass man damit Haus und Garten zieren möchte, die sich jedoch hervorragend als Erdbehälter eignen. Man füllt die Erde in die Plastiktasche, formt diese, sodass man sie problemlos in die Papiertüte stellen kann und verstaut dann den überstehenden Rand der Plastiktüte. Da noch die Pflanze in die Tasche kommt, sollte die Erde nicht direkt bis zum Rand gefüllt, sondern noch Platz zum Arbeiten gelassen werden.

Vor dem Bepflanzen wird durch Hochheben der Tasche getestet, ob die Papiertasche dem Gewicht der Erde gewachsen ist. Sollte sich bereits bei diesem Test ohne Pflanze und Gießen der Boden der Tasche verdächtig wölben, so ist es klug, eine stabilere Tasche zu wählen oder aber zu vermerken, dass diese Tasche nicht angehoben werden darf. Pflanzen tut es nicht gut, wenn sie aus einem Meter Höhe auf den Boden fallen!

Eine dekorative Geschenktüte aus Papier und das passende Inlay – eine einfache Plastiktüte

Die Plastiktüte wird mit Erde befüllt.

Die mit Erde befüllte Plastiktüte wird in die Papiertüte gestellt – fertig ist das Pflanzgefäß.

Für kleine Taschen eignen sich kleine Pflanzen – Kräuter oder, wie hier, Radieschen.

Taschen lassen sich auch aufhängen

Die kleinen Papiertaschen können auch aufgehängt werden, was sich neben dem dekorativen Effekt als extrem platzsparend erwiesen hat. Die an Stiegengeländern, Balkonen oder Spalieren befestigten Papiertaschen sollten allerdings unter Beobachtung bleiben. Nach dem Gießen erhöht sich das Gewicht und es kann passieren, dass die Faltung am Boden der Taschen nach einer gewissen Zeit nachgibt und irgendwann aufplatzt. Das ist aber frühzeitig daran erkennbar, dass sich die Tasche nach unten zu wölben beginnt. In diesem Fall sollte man die papierenen Pflanzgefäße abnehmen, in stehendem Zustand werden sie auch nach diesen ersten Anzeichen des Zerfalls noch längere Zeit gut erhalten bleiben.

Taschen, die für mehrjährige Pflanzen geeignet sind

Da Papiertaschen, die zum Verschenken gedacht sind, zum Teil auch außen beschichtet sind, bleibt das Aussehen meist besser erhalten als bei anderen Materialien und somit sind diese kleinen, kompakten Taschen grundsätzlich auch für mehrjährige Pflanzen geeignet. Bevor der erste Frost kommt, werden die Taschen samt ihren Bewohnern einfach nach drinnen getragen, es sei denn, die Pflanze möchte lieber im Freien überwintern. Dies ist bei den einzelnen Pflanzen angemerkt.

Papiertasche, hängend

Beim Setzen von mehrjährigen Pflanzen in Taschen gilt es, besonders auf das Gießen zu achten. Wie bereits erwähnt, haben Taschen einen Nachteil gegenüber anderen, festen Gefäßen: Es ist zwar möglich, einen Abfluss in die Tasche zu stechen, dies geht aber auf Kosten der Festigkeit. Ohne Abfluss sammelt sich das Wasser, wenn zu viel gegossen wird, am Grund der Tasche. Solch ein Klima bekommt keiner Pflanze besonders gut. Bei einjähriger Verwendung der Taschen wird die Erde am Ende der Saison in einem größeren Gefäß gesammelt und wieder aufbereitet, man hat also einen guten Überblick über den Zustand der Erde. Bei mehrjähriger Verwendung fällt diese Möglichkeit weg, es muss also noch besser darauf geachtet werden, dass es in der Tasche nicht zu nass wird und natürlich muss die Erde dann auch gedüngt werden, da sie nicht genügend Nährstoffe über Jahre hinweg bieten kann. Auf diesen Punkt wird bei den einzelnen Pflanzen näher eingegangen. Am besten geeignet für diese mehrjährigen Vorhaben sind auf jeden Fall die kompakten, festen Papiertaschen, da diese auch ihr Aussehen gut behalten, und die großen Transporttaschen, da diese stabil und widerstandsfähig sind.

Bepflanzte Papiertaschen eignen sich auch hervorragend zum Verschenken von Pflanzen aus eigener Zucht – kreativ und günstig!

Kräuter in Papiertasche

Die Transporttasche

Wer kennt sie nicht, die berühmteste Transporttasche der Welt, designt von einem schwedischen Möbelhaus. Mittlerweile bieten viele Unternehmen Einkaufstaschen dieser Größe an, mehr oder weniger farbenprächtig gestaltet und je nach den individuellen Vorstellungen des Taschengärtners auch dekorativ. Doch egal wie das jeweilige Design anmutet: Große Transporttaschen sind zum Bepflanzen wie geschaffen – sie bieten viel Platz für Erde, sind wasserfest und halten eine Menge Gewicht aus.

Der einzige Nachteil der großen Transporttaschen ist, dass sie oftmals ihre Form nicht behalten, das heißt, wenn sie mit Erde befüllt werden, fließen sie in die Breite und bieten so nicht mehr die gewünschte Erdtiefe, die sich der Hobbygärtner für Wurzelgemüse und Kartoffeln gewünscht hat. Was kann man dagegen tun?

Tasche ohne Form

Formstabil – aber wie?

Es gilt, die Tasche in ihre beste Form zu bringen, also große Höhe, weniger Breite. Dies lässt sich erreichen, indem die Tasche aufgehängt wird, was aber einige Vorbereitungen verlangt. So muss bedacht werden, dass in einer großen Transporttasche in etwa 35 Liter Erde gut Platz haben, das entspricht ungefähr einem Gewicht von 17 Kilogramm, wenn die Erde trocken ist. Da Pflanzen auch Wasser brauchen, wird die Tasche dementsprechend schwerer, wenn dann erst einmal Früchte gedeihen, kommt noch ein wenig Gewicht hinzu. Es gilt also, dies zu berücksichtigen, wenn die Tasche hängend untergebracht wird. Das Spalier, so man sich für ein solches entscheidet, muss sehr gut an der Wand befestigt sein, die Tasche sollte auch nicht zu hoch über dem Grund angebracht werden und vor allem nicht an einer Stelle, unter der Kinder spielen oder Erwachsene gemütlich Kaffee trinken. Der frischgebackene Hobbygärtner sollte auch bedenken, dass Sonne, Wind und Wetter jedes Material in Anspruch nehmen und die Festigkeit der Tasche somit innerhalb einer Gartensaison rapide nachlassen kann.

Wer also seine große Pflanztasche hängend anbringt, sollte
- dies in geringem Abstand zum Boden tun,
- darauf achten, dass die Tasche das Gewicht, dass sie tragen muss, auch tragen kann,
- während der Saison immer wieder prüfen, wie sehr das Material schon beansprucht wurde.

Wenn die Henkel beginnen, brüchig zu werden, oder an den Nähten kleine Risse auftauchen, ist es wichtig, die Tasche abzunehmen und sie die Zeit bis zur Ernte am Boden verbringen zu lassen. Grundsätzlich ist das Hängen der Pflanzen also wartungsintensiver. Es eignet sich aber hervor-

Hängende Taschen: Gewicht und Tragfähigkeit prüfen!

Hier muss sich kein Gärtner Sorgen ums Gewicht machen!

ragend für kleine Pflanzen in kleinen Taschen oder als Übergangslösung wie auch für junge Pflanzen, die noch in eine größere Tasche umgesetzt werden wollen.

Die zweite und sicher praktikablere Möglichkeit, die Tasche in Form zu halten, ist weniger wartungsintensiv und kann auch dazu genutzt werden, die Taschen kreativ zu gestalten. Dazu zerlegt man eine der gewählten Taschen in Streifen, die dann formgebend um eine andere Tasche gebunden werden. Es eignet sich auch ein anderes Material wie Jute, das, nachdem etwa ein Drittel der gewünschten Erdmenge eingefüllt ist, um die Mitte der Tasche gebunden wird. Die Jutestreifen können entweder aus Kartoffelsäcken geschnitten oder im Gartenfachhandel besorgt werden, wo solche

Die Transporttasche wird mit Erde gefüllt und geformt.

Ein Jutesack wird an der Längsseite aufgeschnitten, sodass ein breiter Streifen entsteht.

Die Form der Transporttasche wird mit dem Jutestreifen fixiert.

Wunderbar stabil – nun wachsen Rote Rüben in der Transporttasche.

gefärbten Jute- und Filzbänder zu Dekorationszwecken verkauft werden. Diese Abbindung verhindert, dass die Tasche in die Breite geht und gibt guten Halt, es gilt lediglich, darauf zu achten, dass diese Unterstützung nicht beim Transport der Tasche verrutscht. Ist die Tasche an der Stelle positioniert, an der die Pflanzen den Sommer verbringen werden, kann die Form gegebenenfalls noch einmal nachgebessert und das formgebende Band an die richtige Position geschoben werden. Die so geformte Tasche bietet genügend Platz für allerlei Gemüse, wie Rote Rüben, Kohlrabi oder auch Kartoffeln.

INFO | Gartenerde

Will man das Gewicht, das eine Tasche wird tragen müssen, eruieren, so muss man die Menge der Blumenerde, die in der Tasche Platz hat, von Litern in Kilogramm umrechnen oder aber die Tasche, nachdem sie befüllt ist, auf eine Waage stellen. Die Umrechnungsformel für dieses Vorhaben lautet m = Dichte x Volumen. Man muss also die Dichte der Erde herausfinden, um das Gewicht korrekt ermitteln zu können! Der Gang zur Waage wird somit einfacher sein.

Nun taucht natürlich unweigerlich die Frage auf, warum die Menge von Blumenerde in Litern und nicht in Kilogramm angegeben wird. Im Gartenfachhandel wird erklärt, dass dies der Fall ist, weil die Erde je nach Feuchtigkeit immer unterschiedlich viel wiegen würde, bei der Abfüllung nach Litern aber klar ist, wie viel Erde der Konsument für sein Geld bekommt. 45 Liter bleiben nun einmal 45 Liter, egal wie feucht und damit schwer die Erde ist.

Ungefähr ermittelt ergibt sich, dass die in Litern angegebene Menge etwas mehr als einem Drittel in Kilo entspricht, wenn die Erde trocken ist. Doch wie gesagt: Auf die Dichte kommt es an!

Aus fernen Landen

In vielen Supermärkten sind mittlerweile kompakte, sehr belastbare Plastiktaschen zum Transport von größeren Einkäufen erhältlich. Solche Taschen auf Reisen zu sammeln und dann als Heimat für den kleinen Garten zu wählen, bringt ein herrliches Urlaubsgefühl in Haus und Garten. Die Taschen fassen etwa 25 Liter Blumenerde und sowohl Tomaten als auch Salat, Gurken oder Zucchini können darin gedeihen. Um zu vermeiden, dass die Form zu sehr in die Breite geht, kann die Tasche mit Karton verstärkt werden, dieser wird im Laufe der Sommersaison einfach verrotten. Nachdem die meisten dieser Taschen sehr hoch sind, muss nicht die gesamte Tasche mit Erde befüllt werden. Am Boden der Tasche kann durchaus Grasschnitt eingefüllt werden, doch auch Sand

So wird der Karton zur Stütze der Tasche eingelegt. Am Taschengrund: Grasschnitt

Die italienischen
Genussreisetaschen
oder Tonscherben sind möglich. Speziell das Einbringen von Tonscherben zwischen zwei Erdschichten hilft gegen Staunässe, da der Ton das
Wasser aufsaugt.

Bei den großen Taschen muss besonders gut darauf geachtet werden,
dass die Erde vor dem Einsetzen der jungen Pflanzen noch einmal festgedrückt wird, weil sonst Brüche und Risse in der Erde entstehen, in
denen das Wasser schnell versickert. Dieses versickernde Wasser kann
verstärkt zu Staunässe führen, das heißt, das Wasser sammelt sich am
Grund der Tasche, weil es zu schnell durch die obere Erdschicht nach
unten gelangt und dort nicht ablaufen kann, und wird von den Wurzeln
der kleinen Pflanzen noch nicht erreicht.

Wenn es um die **Staunässe** geht, so muss bei diesen Taschen – so wie
bei allen Gefäßen ohne Abfluss – also auch darauf geachtet werden,
Staunässe: der größte
Feind der Pflanzen
dass nicht übergossen wird. Der Vorteil, den die großen Einkaufstaschen
bieten, ist, dass sie hoch genug sind, um etwas Wasser am Grund zu
halten, ohne dass die Wurzeln der Pflanzen im Wasser stehen. Es kann
also durchaus sein, dass die Pflanzen hervorragend gedeihen, die Feuchtigkeit der Erde nach der Probe mit der Hand immer in Ordnung ist und
im Herbst, beim Ausleeren der Erde, dann einige Zentimeter sehr nasser
Erde in der Tasche auftauchen. Solange die Pflanzen gut gedeihen, ist dies
kein Grund zur Sorge! Es bestätigt aber, dass es klug ist, vor dem Winter
die Erde aus allen Taschen zu leeren, damit sie nicht über die kalten
Monate faulig oder schimmlig werden kann. Diese Gefahr ist besonders
dann gegeben, wenn die noch mit Erde gefüllten Taschen aufeinander
gestapelt werden, sodass die Erde keine Luft mehr bekommt.

Auch in Österreich kommen diese kompakten Einkaufstaschen immer mehr in Mode, nach wie vor mit großen Aufdrucken der jeweiligen Logos der Einkaufsmärkte. In Sachen Farbenpracht stehen sie den Taschen aus Italien oder Portugal jedoch sicher in nichts nach! Die Logos können gegebenenfalls mit Jutebändern oder Stoffstreifen überdeckt werden. Auch für diese Taschen gilt – genauso wie für die großen Transporttaschen –, dass man formgebende Textilstreifen in der unteren Hälfte der Tasche anbringen kann. Die Textilstreifen sollten mindestens zehn Zentimeter breit sein. Sie werden um die Tasche geschlungen und vorne verknotet, was verhindert, dass die Erde die Tasche zu sehr verbeult. Für diesen Fall erübrigt sich auch das Abstützen mit Karton, der in der Tasche zwischen Seitenwand und Erde eingelegt wird, da das Band die Tasche gut formt.

Deko-Taschen

Manche Taschen aus sehr durchlässigen oder dünnen Geweben eignen sich nicht für das Befüllen mit Erde. Sie können aber durchaus verwendet werden, um braungraue Plastikblumentöpfe eindeutig zu verschönern! Die

Bunte Taschen – perfekt als Deko für den hauseigenen Garten

Töpfe werden einfach in die Taschen gestellt, es kann auch ein Unterteller verwendet werden, und aus graubraun wird farbenfroh. Beim Transport der Tasche ist die Pflanze darin natürlich nicht so gut gebettet wie in einer Tasche voll Erde – sie muss also gehalten werden, damit sie nicht umfällt. Besonders bei zarten Trieben kann das Umkippen beim Transport zu Verletzungen der Pflanze, wie abgebrochenen Blättern und Blüten, führen.

Als Dekorationsmittel eignen sich sowohl Einkaufsnetze, Einkaufstaschen, Geschenktüten mit bunten Aufdrucken, Textiltaschen oder die oben beschriebenen Papiertaschen mit Kartonboden. Je nach Material werden die Taschen vorbereitet, um dann einen Blumentopf umhüllen zu können. Man kann die Taschen zum Beispiel oben umknicken oder einstülpen, um sie genau auf die Höhe des Blumentopfes abzustimmen, es können aber auch Jutebänder, Filzbänder oder Geschenkbänder um die Mitte geschlungen werden, um sie in der Form dem Topf anzupassen. Nachdem es sich hierbei um rein dekorative Maßnahmen handelt, ist der Fantasie keine Grenze gesetzt und es gibt auch keine „technischen Details" zu beachten.

INFO | Farbliche Gestaltung

Ein Arrangement aus Töpfen und Taschen wirkt schöner, wenn man sich auf **zwei Farben** konzentriert. Hierzu können die dekorativen Maßnahmen beitragen. Taschen können zum Beispiel durchgehend mit einem Filzband derselben Farbe umwickelt werden oder in Gruppen gestellt werden, die farblich zueinanderpassen.

Wer sich in Bezug auf die **Farbauswahl** nicht sicher ist, kann einen **Farbkreis** zurate ziehen. Farbkreise sind unter dieser Bezeichnung auf verschiedensten Seiten im Internet zu finden. Im Prinzip stellt der Farbkreis ein Farbspektrum dar, das die meisten Gesetzmäßigkeiten der Farbenlehre abdeckt. So liegen die Komplementärfarben im Farbkreis einander immer gegenüber. Wer seinen kleinen Balkongarten also in einer Farbe gestaltet hat und „das i-Tüpfelchen" hinzufügen möchte, wählt die entsprechende Komplementärfarbe. Mit drei nebeneinander liegenden Farben aus dem Kreis kann man sichergehen, dass diese harmonieren.

Oftmals sind das „Tüpfelchen auf dem i" der Balkon- und Terrassengestaltung nicht der Topf oder die Tasche, in dem die Pflanzen wachsen, sondern die **Accessoires**, die in ihrer Umgebung aufbewahrt werden, vom bunten Gießkännchen bis hin zum Gartenschäufelchen oder -handschuh in der passenden Farbe. Auch wenn diese kleinen Dekorationselemente nicht direkt mit dem gärtnerischen Erfolg zu tun haben, so können sie dennoch viel Freude bereiten!

Vom Einkaufskorb zum Werkzeugkasten

Auch **Körbe** aller Art sind zum Bepflanzen wie geschaffen. Körbe wurden bereits einige Jahrtausende vor Christus hergestellt und haben ihre Attraktivität wohl kaum eingebüßt, lediglich die Materialien haben sich verändert. Wurden zu Beginn der Korbflechterei in Europa hauptsächlich Weidenschösslinge verwendet, so kamen im vergangenen Jahrhundert auch andere Materialien hinzu, wie beispielsweise Rattan, Bambus oder Schilf. Auch Körbe aus Kunststoff oder Drahtgeflecht kommen heute zum Einsatz, wobei in der Gartengestaltung die Körbe aus Naturmaterialien sicher am dekorativsten aussehen.

Einkaufskörbe aus verschiedensten Materialien sammeln sich in den meisten Haushalten an, oft werden die Henkel brüchig und eignen sich nicht mehr für schwere Einkäufe, manchmal stellt man einfach fest, dass die Körbe abgenutzt aussehen und man etwas Neues möchte. Ein Fall für den Taschengärtner!

Korb mit Tomatenpflanze, rechts im Bild

Sehr dicht geflochtene Körbe, die im Rasen oder auf einem unempfindlichen Terrassenbelag stehen werden, können einfach mit Erde befüllt

und bepflanzt werden. Körbe, die lockerer geflochten sind, am Balkon untergebracht werden, auf einem empfindlichen Belag oder gar in der Wohnung als Pflanzgefäß dienen sollen, brauchen eine Innenauskleidung, die verhindert, dass Wasser und Erde abfließen können. Hierbei wird gleich vorgegangen wie bei den wasserdurchlässigen Taschen – man kleidet den Korb mit Plastik aus, am besten mit Tüten und Säcken, die man ohnehin weggeworfen hätte. In der Folge gilt es dann, genauso wie bei den wasserundurchlässigen Taschen, immer wieder zu überprüfen, ob die Erde in der Tasche auch nicht zu nass wird und es nicht zur Staunässe kommt, denn das wollen die wenigsten Pflanzen.

Vor allem **dicht wachsende Kräuter in Körben** sind ein **Blickfang** für jeden kleinen Garten. Bei mehrjährigen Kräutern ist es besonders unkompliziert, den Korb einfach zum Überwintern in den Keller oder an einen geschützten, frostfreien Platz zu bringen. Je nach Größe des Korbes wachsen aber auch Tomaten, Paprika oder Chilis hervorragend in solch einem Pflanzgefäß.

Ein Korb stellt einen herrlichen Blickfang dar, wenn er mit **Zierblumen** oder **blühenden, essbaren Pflanzen** und **Kräutern** bepflanzt ist. Besonders Lavendel, Kapuzinerkresse oder Erdbeeren machen aus einem alten Einkaufskorb eine bunte Oase. Auch Kräuter und Blumen, die in Beeten oftmals hilflos ausgeliefert sind, weil sie zu den Lieblingsgerichten der Schnecken gehören, wie beispielweise Basilikum oder Tagetes, sind Kandidaten für den Korb. Für große Körbe mit einem Fassungsvermögen von über zehn Litern Erde bieten sich auch Pflanzen an, die viel Platz brauchen, wie zum Beispiel Zucchini, kleinfrüchtige Kürbissorten oder Gurken.

Gleiches gilt für **Werkzeugboxen**, die in jedem Baumarkt erhältlich sind und vielleicht sogar ungenützt in der Garage oder auf dem Dachboden auf ein neues Leben warten. Diese Boxen sind extrem stabil, wunderbar stapelbar, bieten viel Platz für die Erde und sind gut zu transportieren. Meist sind sie wasserfest und es gilt einzig, zu überprüfen, ob die Boxen auch wirklich rostfrei sind. Sind sie es nicht und zeigen sie nach einiger Einsatzzeit Rostspuren an den Falzen, so ist das an sich kein Problem, außer die Box steht auf einem empfindlichen Boden. In diesem Fall sollte sie auf eine Holzplatte oder mehrere passende Holzstücke gestellt werden, damit sie keine unschönen Spuren am Boden hinterlässt.

Auch die klassischen **Werkzeugkästen** zum Aufklappen lassen sich so einsetzen, sie bieten allerdings nicht viel Erdtiefe und sind somit am besten für Kräuter und Blumen geeignet, die keine tiefen Wurzeln entwickeln.

Werkzeugboxen

Einst fasste die Dose Tomatensugo, nun Kresse und Koriander.

Kresse in der Olivendose

Dosen

Mit Kräutern bepflanzte Konserven- und Kaffeedosen im Retrostil sind sehr dekorativ, unkompliziert und platzsparend. Auch Dosen, die vom letzten Urlaub stammen, wirken enorm, erinnern sie doch an die schöne Zeit, die man in Italien, Finnland oder Südfrankreich verbracht hat. Hochmotivierte Gärtner kaufen gar nur die Produkte ein, deren Verpackung die nächste Gartensaison verfeinern wird!

Dosen eignen sich lediglich für **Kräuter**, die keinen großen Wurzelstock bilden wollen und nicht allzu tief wurzeln, denn die meisten Dosen bieten nicht viel Platz für die Erde. Besonders geeignet sind Kresse, Dill oder Koriander sowie Kerbel und Thymian. Der Experimentierfreude soll hier aber keine Grenze gesetzt werden, denn wenn die Dose groß genug ist – man denke nur an eine Ein-Liter-Dose, in der einmal Kaffee aufbewahrt wurde – können sich auch Schnittlauch und Petersilie oder Salbei und Rosmarin darin wohlfühlen. Da die letztgenannten Kräuter mehrjährig sind, sollte man sich jedoch vor Augen halten, dass sie irgendwann in ein größeres Gefäß umgesetzt werden möchten.

Pflanzen in Dosen müssen **regelmäßig gegossen** werden, denn die wenige Erde kann nur wenig Wasser speichern. Dafür jedoch lässt sich damit die Küche oder das Fensterbrett höchst dekorativ gestalten. Bei der Unterbringung auf dem Fensterbrett ist daran zu denken, dass eine Metalldose nicht unbedingt dauerhaft wasserfest ist, an den Falzen am Dosenboden können sich durchaus Rostflecken bilden, vor allem, wenn öfter einmal Wasser an der Außenseite nach unten tropft. Bei Fensterbrettern aus Holz empfiehlt es sich also, die Dosen auf ein zusätzliches Brett oder ein Tablett zu stellen.

Beim **Befüllen der Dose** mit Erde wird im Optimalfall einen Fingerbreit Raum zum oberen Dosenrand gelassen, denn die kleinen keimenden Kräuterpflanzen heben die Erde meist etwas an. In großen Gefäßen fällt dies nicht weiter auf, bei einer Dose aber ist die Erde dann schnell über den Dosenrand gewölbt und beim Gießen fließt das Wasser ebenfalls über den Dosenrand. Wer diese kleinen Tipps beachtet, wird viel Freude mit dem Dosengarten haben!

Die Pflanzen

Nicht alle Pflanzen sind für den Taschengarten geeignet, was den Kreativgärtner aber nicht davon abhalten sollte, Versuche zu starten! In den Vorbereitungsjahren für dieses Buch war es nicht möglich, alle Pflanzen, alle Sorten auf ihre Eignung zum Taschengarten zu testen. Es ist also gut möglich, dass bei den eigenen gärtnerischen Experimenten wunderbare Ergebnisse erzielt werden, die in diesem Buch noch mit keinem Wort erwähnt wurden.

Was auf jeden Fall bedacht werden sollte, wenn mit dem Pflanzen in Taschen und ähnlichen Gefäßen begonnen wird, ist, dass dies auf der **Grundidee der einjährigen Pflanze** basiert. Die meisten Taschen werden eine zweite Saison nicht überstehen, sei es, dass das Material Schwächen zeigt, sei es, weil die Taschen in der Sonne ausbleichen und in der nächsten Saison nicht mehr schön anzusehen sind. Außerdem sollte genug Platz für die gewählten Pflanzen sein und diesen Platz können kleine Taschen oder Dosen manchen mehrjährigen Pflanzen einfach nicht bieten. In diesem Kapitel soll eine Auswahl jener Pflanzen vorgestellt werden, die sich besonders gut für den kleinen Garten eignen und auch schon in der Tasche gepflanzt wurden. Auch wenn das Taschengartenprojekt hauptsächlich mit einjährigen Pflanzen getestet wurde, sind einige mehrjährige darunter, mit entsprechenden Hinweisen, wie diese umgetopft und überwintert werden müssen. Schließlich Tomatenpflanzen mögen keinen Dauerregen. ist Gärtnern immer ein Experiment und der Fantasie und Experimentierfreude sollen hier keine Grenzen gesetzt werden!

Die Auswahl dieser Pflanzen kann im Frühling in Gärtnereien gekauft oder aber selbst angesät werden. Zu diesen eigenen Anpflanzversuchen sind bei jeder einzelnen Pflanze Tipps vermerkt, auf die unbedingt geachtet

werden sollte. Was aber generell gilt, wenn man selbst ansäen möchte, ist, dass kleine Babypflänzchen ganz spezielle Erde benötigen und nicht in die herkömmliche Blumen- oder Gartenerde gesät werden sollen.

Für den kleinen Pflanzenkindergarten empfiehlt es sich, Aussaaterde zu kaufen. Diese ist locker und nährstoffarm, was die Pflanze dazu bewegt, kräftige Wurzeln zu entwickeln. Wer bei selbst angesätem Gemüse ein starkes Längenwachstum beobachtet, das darin resultiert, dass die Pflanzen umkippen, kann davon ausgehen, dass die falsche Erde verwendet wurde oder aber zu wenig Licht zur Verfügung stand – auch das kann kleine Pflanzen dazu motivieren, sehr stark in die Höhe zu schießen.

Verschiedene Samenpackungen

Das Thema der Lichtverhältnisse führt wiederum zur Jahreszeit: Es ist wenig sinnvoll, den Versuch zu starten, Mitte Dezember in seiner Wohnung Tomaten anzubauen. Auch wenn die Temperaturen dazu geeignet wären, wird die Pflanze zu wenig Licht bekommen, es sei denn, man wohnt in einem Glashaus. Für den Anbau generell gilt, dass es am besten funktioniert, wenn man sich an die jahreszeitlichen Gegebenheiten der Gegend hält, in der man lebt. In den nachfolgenden Beschreibungen wird von Mitteleuropa ausgegangen, auf klimatische Besonderheiten am Alpenrand und in den Alpentälern wird dementsprechend eingegangen.

Die beliebteste Balkonpflanze: die Tomate

Tomaten kommen ursprünglich aus Südamerika und gedeihen am besten in milden Gegenden ohne Winterfrost. Für die kühleren Gegenden nördlich der Alpen gibt es zwar einige weniger empfindliche Sorten, trotzdem verlangen vor allem die jungen Pflanzen nach guter, intensiver Pflege.

Tomatenpflanzen können ohne Weiteres **selbst gezogen** werden, wenn es in der Wohnung einen hellen, warmen Platz gibt, an dem die Pflanzenbabys in Ruhe heranwachsen können. Die Samen werden dazu am besten in Pflanztöpfchen aus verrottbarem Material gegeben, etwa einen halben Zentimeter tief in die Erde, und auch mit Erde bedeckt. Je nach Sorte wird auf der Samenpackung der ideale Zeitpunkt zur Aussaat angegeben. Pro Töpfchen wird nur ein einzelner Samen gesetzt, da man sonst wieder gezwungen ist, die Pflanzen zu vereinzeln, wenn sie etwa zehn Zentimeter hoch sind. Dies ist ein Arbeitsschritt, der sich mit kompostierbaren Töpfchen erübrigt. Die Erde sollte gut besprüht, nicht aber mit der Gießkanne gegossen werden. Auch die jungen Pflänzchen sollten

Blühende Tomatenpflanze

Tomatenpflanzen mögen
keinen Dauerregen.

sehr vorsichtig gegossen werden – Tomatenpflanzen wollen keine nassen Füße! Die Erde darf feucht, niemals aber nass sein. Und das ist auch gleich das Problem, das sich beim Aussetzen der Pflanzen in den Garten ergibt: Wenn auf das Pflanzen starke Regenwochen folgen, nehmen die jungen Tomatenpflänzchen das ziemlich übel und zwar nicht nur, wenn die Erde zu nass ist, sondern auch, wenn die Blätter der Tomatenpflanzen permanent nass sind. Sie bieten dann ein gutes Heim für Braunfäule, eine Pilzerkrankung, die sowohl die Blätter als auch die Früchte befällt.

INFO | Braunfäule

Braunfäule wird durch den Pilz *Phytophthora infestans* hervorgerufen, der einige Arten der Nachtschattengewächse befallen kann – unter anderem Tomaten und Kartoffeln. Die Sporen des Pilzes keimen bei dauernd nassen Blättern und befallen sowohl die Blätter als auch Stängel und Früchte der betroffenen Pflanzen. Stellt man also braune Flecken an Stängeln und Blättern der Tomatenpflanze fest, so ist dies ein eindeutiges Zeichen dafür, dass die Pflanze zu viel Feuchtigkeit auf ihre Blätter bekommen hat und mit hoher Wahrscheinlichkeit von Braunfäule befallen ist. Vorbeugende Maßnahmen gegen Braunfäule sind das Pflanzen an geschützten Stellen unter Dach, das sorgfältige Gießen, ohne dabei die Blätter zu befeuchten, und das Vermeiden von Staunässe.

Außerdem sollten regelmäßig die Blätter über dem Boden entfernt werden, die sich unterhalb des ersten Fruchtstandes befinden, und befallene Blätter oder Früchte sollten sofort weggeschnitten werden. Das Wegschneiden der Blätter unterhalb des ersten Fruchtstandes sollte nur bei trockenem Wetter erfolgen, damit die Schnittstelle möglichst schnell trocknen kann.

Sollten mit Braunfäule befallene Pflanzen entdeckt werden, so ist es ratsam, am Ende der Saison die Erde zu entsorgen, denn die Pilzsporen werden auch dort bereits Heimat gefunden haben. Für Gärtner, die große Beete und Gärten zur Verfügung haben, ist es außerdem ratsam, Kartoffeln und Tomaten nie in direkter Nachbarschaft anzupflanzen und genügend Abstand zwischen den einzelnen Pflanzen zu lassen. Bei Tomatenpflanzen sind dies mindestens 50 Zentimeter.

Der Taschengärtner, der auf kleinen Flächen arbeitet, wird hier anders vorgehen; selbstverständlich brauchen die Pflanzen Platz, es muss aber nicht jede Tasche mit einer Tomatenpflanze einen halben Meter Abstand zu der nächsten einhalten! Was jedoch auch auf Balkon und Terrasse berücksichtigt werden kann, ist der möglichst große Abstand zwischen den Kartoffel- und den Tomatenpflanzen. Es wird auch empfohlen, alle Gegenstände, die mit infizierten Pflanzenteilen in Berührung gekommen sind, auszukochen und die befallenen, entfernten Blätter, Früchte und Stängel nicht zum Kompost zu geben. Der Pilz ist nämlich extrem widerstandsfähig!

Die **Vermeidung der Braunfäule** durch Schutz vor zu viel Wasser von oben zählt zu den absoluten Vorteilen des Pflanzens in der Tasche: Bei zu starkem Regen werden die Taschen einfach an einen trockenen Ort gebracht oder von vornherein an einer geschützten Stelle unter Dach platziert. Sollte der eigene Balkon oder die Terrasse öfter starkem Regen ausgesetzt sein und keine geschützte Stelle bieten, so empfiehlt es sich, eine Abdeckung für die Tomatenpflanzen zu entwickeln. Dies kann ein Stück Folie sein, das über die Pflanzen gespannt wird, ein kleines Dach aus einem alten Regenschirm oder das Anbringen einer wetterfesten Markise – je nach vorhandenem Budget.

Umpflanzen und Aussetzen der jungen Pflanzen ins Freie

Wann sollten nun aber die kleinen Pflanzen, die selbst gezogen wurden, in die Tasche umgepflanzt und nach draußen gestellt werden? Tomatenpflanzen brauchen eine **Erdtemperatur von über 14 Grad**. Die Nachtfröste sollten also auf jeden Fall vorbei sein und die Temperaturen auch während der Nachtstunden nicht mehr unter zehn Grad fallen, was bedeutet, dass das Aussetzen der Pflanzen ins Freie ab Mai erfolgen kann. Der gewählte Platz sollte möglichst hell sein, die jungen Pflanzen möchten allerdings keinesfalls in der prallen Sonne stehen, vor allem nicht, nachdem sie frisch umgesetzt worden sind.

Angehende Gärtner, die sich dem Selbstansäen noch nicht gewachsen sehen oder denen es an Platz auf der sonnigen Fensterbank fehlt, seien getröstet: Mittlerweile bekommt man nicht nur bei Fachhändlern, sondern auch in Gärtnereien, Bioläden und Baumärkten verschiedenste

Der Pflanzenkindergarten: Die Samen sind in kompostierbare Töpfchen eingebracht.

Erste Gehversuche: Kleine Tomatenpflanze in der Tasche – Beschriftung nicht vergessen!

Alles gut gegangen: Die Tomatenpflanze entwickelt sich prächtig.

Erfolg: Die ersten Früchte reifen heran!

Jungpflanzen, von den kleinen Strauchtomaten bis hin zu alten Sorten, die besonders widerstandsfähig sind und in herrlich verschiedenen Farben und Formen existieren: von schwarz und birnenförmig bis zu gestreift und herzförmig.

Jungpflanzenanzucht in verrottbaren Pflanztöpfchen

Das Ausbringen der Samen in verrottbare Pflanztöpfchen erspart, wie schon beschrieben, einen Arbeitsschritt, nämlich das Umtopfen der Pflanzen. Nach dem Einbringen von jeweils einem Samenkorn pro Töpfchen muss der Pflanzkindergarten sorgsam gepflegt werden. Die Erde darf nicht ganz austrocknen, aber auch nicht überschwemmt werden. Am besten besprüht man die Erde mehrmals täglich mit einem Wassersprüher. Schon nach wenigen Tagen werden die kleinen Pflanzen aus der Erde kommen. Auch jetzt ist es besser zu sprühen, als zu gießen. Wenn verrottbare Auspflanztöpfchen mit etwa acht Zentimetern Durchmesser gewählt wurden, können die Pflanzen bis zur Umsiedlung in die Taschen in diesen Gefäßen bleiben. Wurden kleinere Pflanzschalen verwendet, müssen die Tomatenpflänzchen in ein größeres Gefäß umgetopft werden, wenn nach den beiden ersten Keimblättern das nächste kleine Blatt zu sehen ist.

Jungpflanzen brauchen viel Licht!

Die Pflanzen sollen an einem möglichst hellen Platz in der Wohnung stehen, wenn sie zu wenig Licht bekommen, beginnen sie, stark in die Höhe zu schießen und umzufallen. Wenn die kleinen Pflanzen gut angewurzelt haben und Blätter entwickeln, kann das erste Mal vorsichtig gedüngt werden. Dies kann mit gekauftem Dünger aus dem Gartenfachgeschäft oder mit selbst angesetzter Brennnesseljauche gemacht werden.

Ab Mitte Mai können die Pflanzen mitsamt dem Pflanztöpfchen in die Tasche der Wahl gesetzt werden. Die Tasche sollte an einem **sehr hellen Platz** stehen und die Tomatenpflanze möchte auch weiterhin **regelmäßig gegossen** werden.

Der praktische Nebeneffekt des Taschengartens kann nicht oft genug hervorgehoben werden: Die Tüten und Taschen können ohne großen Aufwand herumgetragen werden und somit kann ein neuer Platz gewählt werden, wenn erkennbar wird, dass der vorgesehene Platz nicht für die Pflanze passt. Dies ist, wie oben beschrieben, am „Auswachsen" erkennbar und daran, dass die Pflanze nicht viele Blüten entwickelt, was sie an einem optimalen Standort tun sollte.

Tomatenpflanzen bevorzugen gut **versorgte Erde**. Nachdem es im Taschengarten nur bedingt möglich ist, während der Saison die Erde zu lockern und zu harken, muss die Erde gut vorbereitet sein, wenn sie in die Tasche gefüllt wird. Dazu wird die Erde gelockert und mit biologischem Dünger versehen, entweder aus eigenem Kompost oder aus dem Handel. Außerdem brauchen die Pflanzen – abgesehen von den kompakten Strauchtomaten – eine **Möglichkeit zum Hochranken**. Das kann ein Bambusstab sein, ein Holzstab, ein Spiralstab aus Metall oder ein Spalier.

Tomaten an Rankhilfen

Geiztriebe entfernen

Grundsätzlich wachsen Tomatenpflanzen eher buschig als in die Höhe, bilden also viele Seitentriebe. Diese sorgen dafür, dass die Pflanze ihre Kraft nicht mehr in die Entwicklung von Blüten und Früchten steckt, sondern in das Wachstum eben dieser Triebe. Es gilt also, diese **Seitentriebe** zu entfernen, was in der Gärtnersprache „ausgeizen" heißt. Bei sogenannten Busch- oder Strauchtomaten ist dies nicht notwendig, da bei diesen das buschige Wachstum erwünscht ist. Alle anderen Sorten sollten ausgegeizt werden.

Ausgeizen: gewusst wie!

Die Seitentriebe, auch Geiztriebe genannt, entstehen in den Blattachseln, also immer oberhalb einer Stelle, an der ein Blatt aus dem Stamm der Pflanze wächst. Dieser Seitentrieb sollte abgezwickt werden. Zwar würden auch die Seitentriebe nach einiger Zeit Blüten und somit Früchte hervorbringen, doch die Zeit reicht in den Ländern um die Alpen bis zur Reife nicht aus, die Saison ist einfach zu kurz. Somit rauben die Seitentriebe der Pflanze die Kraft, die sie für die Entwicklung der eigentlichen Fruchtstände am Hauptstamm benötigt.

Ein Geiztrieb entsteht immer in
einer Blattachsel und wird ..

... bei trockenem Wetter abge-
schnitten oder abgezupft.

Blätter am Stamm sollten nicht entfernt werden, außer jener unterhalb des ersten Fruchtstandes. Durch das Entfernen der Geiztriebe wächst die Pflanze besser in die Höhe und bringt mehr Blütenstände und Früchte hervor. Wenn es um die Frage geht, ob man Geiztriebe abbrechen oder abschneiden sollte, so scheidet sich die Welt der Gartenexperten. Während die einen das Abschneiden bevorzugen, um so eine unabsichtliche Verletzung der Pflanze zu vermeiden, schwören die anderen auf das Abbrechen, weil damit die Infektionsgefahr durch Pilze verringert wird. Für welche Methode man sich auch entscheidet – auf jeden Fall sollte das Ausgeizen an einem trockenen Tag vor sich gehen, damit die Wunde, die an der Pflanze entsteht, schneller und besser heilen kann.

Das **Ausgeizen** sollte **regelmäßig** erfolgen, mit der Zeit bekommen auch Nachwuchsgärtner ein geschultes Auge für Geiztriebe. Die entfernten Pflanzenteile können im Biomüll entsorgt werden. Manche Gärtner stellen die Geiztriebe in ein Glas Wasser, bis diese Wurzeln entwickeln und setzen diese dann als Jungpflanzen ein, dies funktioniert gut, wenn, was die Gartensaison angeht, früh genug damit begonnen wird oder man in einer klimatisch bevorzugten Gegend lebt. Geiztriebe, die erst im August oder September als junge Pflanzen gesetzt werden, werden in Österreich oder Deutschland kaum mehr zur Reife kommen, in südlicheren Gegenden mit warmen Wintern aber schon. Für den Gartenneuling gilt hier wie bei vielen anderen Dingen auch: einfach ausprobieren!

Regelmäßige Pflege
bringt mehr Ertrag!

Tomatenpflanzen sollten, auch wenn durch das Ausgeizen ein gewisses Höhenwachstum gefördert wird, nicht zu hoch werden. Im Allgemeinen wird man nach der Entwicklung von maximal **sieben Blütenständen** die Pflanze nicht mehr weiterwachsen lassen, sondern sie über dem siebten Blütenstand abschneiden. Die Tomatenpflanze schafft es selten, aus mehr als diesen Blütenständen Früchte zu entwickeln und braucht für die weiteren Blütenstände nur unnötig Kraft.

Vielen Nachwuchsgärtnern fällt es schwer, Pflanzen radikal zu kürzen. Wenn junge Gartenliebhaber Schwierigkeiten haben, eine Pflanze nach einer bestimmten Anzahl an Blütenständen zu beschneiden, so hilft vielleicht eine zeitliche Angabe: Blüten, die ab Ende August an der Pflanze wachsen, werden garantiert keine Früchte mehr entwickeln, zumindest nicht in den Regionen nördlich der Alpen und in den Alpentälern. Oberhalb dieser Blütenstände kann die Pflanze tatsächlich ohne jede Gefahr von gärtnerischen Verlusten abgezwickt werden!

INFO „Weiße Fliege"

Tomaten gehören neben Gurken und verschiedenen Zierpflanzen, wie Fuchsien, Primeln und Geranien, zum Speiseplan der „Weißen Fliege". Diese kleinen Insekten sind daran erkennbar, dass sie auffliegen, sobald die Pflanze berührt wird, und zwar, wenn der Befall schon fortgeschritten ist, in einem ganzen Schwarm. Jetzt gilt es, ruhig Blut zu bewahren und sofort zur Tat zu schreiten. Die Weiße Fliege gehört zu den Pflanzenläusen und **saugt an den Blättern** der Pflanze, was an gelben Stellen erkennbar ist. Die befallenen Blätter vertrocknen in der Folge und fallen ab, es ist also notwendig, einzuschreiten. Zu den natürlichen Feinden der Weißen Fliege gehören die **Schlupfwespen**, die vor allem im Einsatz gegen Lebensmittelmotten schon von sich reden gemacht haben. Diese kleinen Insekten gleichen eher Mücken als Wespen und legen ihre Eier in die anderer Insekten, die in der Folge absterben. Die Frage ist natürlich, ob man seine Wohnung, seinen Wintergarten oder seinen Balkon mit den Schlupfwespen teilen möchte. Wirksam ist ihr Einsatz auf jeden Fall. Die Schlupfwespen sind im Fachhandel erhältlich, sie zählen mittlerweile zu den bekanntesten biologischen Schädlingsbekämpfern.

Will man keine Schlupfwespen ins eigene Heim holen, so kann die Weiße Fliege auch noch anders bekämpft werden, zum Beispiel mit sogenannten Fangtafeln, die ebenfalls im Fachhandel erhältlich sind. Diese Tafeln sind mit Klebstoff beschichtet, an dem die kleinen Insekten hängen bleiben. Je nach Insektenart ist eine bestimmte Farbe besonders anziehend, gegen die Weiße Fliege werden die sogenannten **Gelbtafeln** verwendet.

Auch eine **Pflanzenjauche**, als Sprühmittel angewandt, hilft gegen die Weiße Fliege. Diese Jauche wird so wie die Brennnesseljauche hergestellt. Zwei Handvoll Efeublätter werden in einen Tontopf mit einem Liter Wasser gegeben. Diese Mischung lässt man gären, bis Bläschen aufsteigen und rührt dann einmal täglich um. Sobald aus der Jauche keine Bläschen mehr aufsteigen, ist sie fertig gereift, kann abgegossen und in einer Verdünnung von 1 : 20, also ein Teil Jauche zu 20 Teilen Wasser, auf die befallenen Pflanzen gesprüht werden.

INFO | Brennnesseljauche für den Taschengärtner

Brennnesseljauche ist ein altbewährtes Pflanzendüngemittel. So sonderbar es vielleicht für den frischgebackenen Balkongärtner klingen mag, dieser voll biologische Wunderdünger lässt sich ganz einfach für den Hausgebrauch herstellen, vorausgesetzt, man hat Zugang zu Brennnesseln, die gerne an Straßenrändern, in Hecken, an Hausmauern, kurz, fast überall wachsen. Im städtischen Raum wird es wahrscheinlich ein wenig Mühe bereiten, an frische Brennnesseln zu kommen, aber vielleicht lässt sich der Sonntagsausflug aufs Land zum Ernten dieser Pflanzen nutzen. Für einen Kübel mit 20 Litern Fassungsvermögen werden etwa zehn große Brennnesseln benötigt. Diese pflückt man am besten mit Gummi- oder Gartenhandschuhen, um die Haut zu schützen, und transportiert sie in einer Tasche oder in einem Korb nach Hause.

Optimal entwickelt sich die Brennnesseljauche, wenn ein sehr **großes Tongefäß** – 20 Liter Fassungsvermögen – verwendet wird. In dieses Gefäß wird ein etwas kleineres Tongefäß gestellt, die Pflanzen hineingelegt und mit Wasser aufgefüllt. Es funktioniert jedoch auch einwandfrei, wenn man das Tongefäß in einen Plastikkübel stellt und auch, wenn man nur einen Kübel verwendet. Hier scheiden sich die Geister bezüglich der besten Entwicklung dieses biologischen Düngemittels. Es wird aber auch von Gärtnern, die nur die einfache Kübelvariante verwenden, von Erfolg in Sachen Düngerherstellung berichtet! Nachdem sich also die Pflanzen in dem Topf oder Kübel mit Wasser befinden, wird das Gefäß mit einem Brett oder einem Stein bedeckt. Es muss nicht völlig schließen! Die Flüssigkeit sollte nun täglich umgerührt werden. Bereits nach wenigen Tagen beginnt die Gärung, das heißt, es bilden sich Bläschen an der Oberfläche und die Flüssigkeit beginnt unangenehm zu riechen. Der Geruchsbelästigung kann mit **Gesteinsmehl** beigekommen werden, vor allem für Balkon- und Terras-

Die frischen Brennnesseln sind bereit zur Vergärung.

*Keine Bläschen mehr an der Oberfläche –
die Gärung ist abgeschlossen.*

sengärtner ist dies wichtig. Gesteinsmehl ist in Baumärkten erhältlich – für
20 Liter Jauche genügt eine Teetasse Gesteinsmehl. Nach etwa zwei Wochen
ist die Gärung abgeschlossen, was daran erkennbar ist, dass sich keine Bläschen mehr bilden. Nun muss die Jauche abgefiltert werden, damit sie nicht
faulig wird, und anschließend kann der selbst hergestellte, voll biologische
Dünger verwendet werden! Keinesfalls sollte der Dünger pur angewendet
werden, am besten verdünnt man im **Verhältnis 1 : 20**, also ein Teil Brennnesseljauche zu 20 Teilen Wasser, und gießt damit die Pflanzen.

Auch zur Schädlingsbekämpfung kann die Brennnesseljauche verwendet werden, hierzu wird die Flüssigkeit unverdünnt in eine Sprühflasche gefüllt und
die befallenen Pflanzen werden damit mindestens drei Tage hintereinander
besprüht.

Voll im Trend: Paprika, Pfefferoni und Chili

Paprikapflanzen gedeihen hervorragend in der Tasche. Wie Tomaten sind
Paprikapflanzen Nachtschattengewächse und bei uns nicht heimisch.
Auch sie vertragen keinen Nachtfrost und mögen es gern warm. Mit
ihren bunten Früchten, von hellgelb über orange und rot bis schwarz,
sind Paprika- und Chilipflanzen eine Pracht in jedem Garten sowie auch
auf jedem Balkon.

Paprika- und Chilipflanzen gibt es im Frühjahr in Gärtnereien und auf
Pflanzmärkten zu kaufen und zunehmend rücken wieder alte, seltene

Auch Paprika vertragen
keinen Frost und brauchen
viel Licht!

Sorten ins Rampenlicht. Für den Taschengarten sind diese Pflanzen geradezu optimal, gibt es doch verschiedenste Sorten, die strauchartig wachsen und nicht zu hoch werden. Wer seine Pflanzen lieber selbst ziehen möchte, kann dies im Wohnzimmer und auf der Fensterbank tun, wie bei den Tomatenpflanzen gilt es darauf zu achten, dass genügend **Wärme**, nämlich mindestens 20 Grad, und **genügend Licht** vorhanden sind.

Die Samen werden in verrottbare Pflanztöpfchen gesteckt, wie bei den Tomaten beschrieben. Pro Töpfchen wird ein Samenkorn etwa einen Zentimeter tief in die Erde gegeben und mit Erde bedeckt. Beschriftungen der Töpfchen sind sinnvoll, vor allem, wenn verschiedene Sorten angesät wurden. Für die kleinen Schildchen eignen sich Kartonstreifen oder Eisstäbchen, die im Sommer zuvor eifrig gesammelt wurden. Nach der Saat empfiehlt sich der Einsatz eines Wassersprühers, die Erde sollte immer feucht, aber nicht zu nass sein. Wenn die kleinen Pflanzen aus der Erde kommen, kann der Sprüher weiter verwendet werden. Beste Saatzeit ist Anfang März, es sei denn, es ist auf der Samenpackung anders beschrieben.

Auch für die Paprika- und Chilipflanzen gilt es, wie schon erwähnt, die Zeit der Nachtfröste abzuwarten, denn sie sind extrem **kälteempfindlich**. Ab Mitte Mai können die Pflanzen in der Tasche nach draußen gestellt werden. Vor dem Umzug in die Tasche sollte die Erde in der Tasche gedüngt werden, am besten mit Urgesteinsmehl. Dieser altbewährte biologische Dünger wird aus Basaltgestein hergestellt und ist im Fachhandel erhältlich. Das Mehl sollte nicht einfach unter die Erde gemischt, sondern nach Herstellerangabe mit Wasser vermischt und dann mit der Erde vermengt

Kleine Chilipflanzen im Torftöpfchen

*Kurz nach dem Umsetzen in die
große weite Welt*

Gekaufte Chilipflanzen, eingepflanzt in einer
Einkaufstasche

Die ersten Früchte der gärtnerischen
Bemühungen

Mitte August: Wir warten auf
die Reife.

werden. Selbstverständlich können aber auch Paprika-, Pfefferoni- und
Chilipflanzen mit Brennnesseljauche gedüngt werden. Dieser Universal-
dünger ist für den Taschengarten bestens geeignet, vor allem da mithilfe
des Gesteinsmehls auch der Geruch eingedämmt werden kann. Gelingt
dies nicht, so können für diese Pflanzen natürlich auch Spezialdünger
im Fachhandel erworben werden. Grundsätzlich aber gedeihen Paprika-
und Chilipflanzen hervorragend in einer Tasche mit frischer Erde, die mit
Urgesteinsmehl gedüngt worden ist.

Wenn die Temperatur stimmt und die Pflanzen genügend Sonne bekommen, wachsen Paprika- und Chilipflanzen **unproblematisch** und
brauchen auch nicht besonders viel Pflege. Bis Oktober kann der tüchtige Taschengärtner mit Früchten rechnen. Je mehr verschiedene Sorten
gepflanzt werden, desto prächtiger zeigt sich der Minigarten vor der Tür.

Weitere Informationen
zu Tomaten, Paprika und Chili

Nachdem diese Pflanzen zu den am häufigsten ange-
pflanzten auf Balkon und Terrasse gehören, hat sich ein richtiger
Trend zu dem Thema entwickelt. Unzählige Fachbücher sowie auch
Seiten im Internet beschäftigen sich mit dem Aufpflanzen von Tomaten
und Chilis, mit der Pflege der Pflanzen und mit der Verarbeitung der
Früchte.
Folgende Liste stellt eine kleine Übersicht dar und ist alles andere
als vollständig:

Buchtipp:
FRUCHTGEMÜSE
Alte Sorten und außergewöhnliche Arten neu entdeckt
Leopold Stocker Verlag, ISBN 978-3-7020-1307-3

Internet:
Paprika und Chilis am Balkon: *www.chili-balkon.de*
Chilis: Anbau, Pflege, Verarbeitung: *www.pepperworld.com*
Alles zu Paprika und Chilis: *www.hobbygarten.de/chili-paprika*
Alles zur Pflanzung und zu alten Sorten: *www.tomaten.de*
Pflanzen und Saatgut bestellen: *www.arche-noah.at*

Gurken, Zucchini und Kürbisse

Für Pflanzen, die große Früchte tragen und gerne ranken, empfehlen sich die großen Badetaschen und Transporttaschen, denn hier ist auch viel Erde gefragt. In den für dieses Projekt verwendeten Badetaschen und Transporttaschen haben zehn bis 25 Liter Erde Platz, das reicht für eine gute Ernte von Zucchini und Gurken. Wer Kürbisse in der Tasche pflanzen möchte, sollte eine Sorte mit kleinen Früchten nehmen und dafür sorgen, dass die Pflanze an einem Balkon- oder Stiegengeländer oder einer selbst gebauten Rankhilfe hochwachsen kann, denn Kürbispflanzen brauchen einfach viel Platz, um sich auszubreiten. Außerdem gilt es bei diesen Pflanzen, gut zu düngen oder sehr reichhaltige Komposterde zu verwenden.

Zucchini

Zucchini brauchen, wenn sie einmal wachsen, nicht mehr viel Pflege, hier sind die Vorbereitungsarbeiten wichtiger. Es gilt, mit dem Aussetzen der kleinen Pflanzen ins Freie geduldig zu sein, denn Zucchini vertragen, so wie alle anderen Kürbisgewächse, absolut **keinen Frost**. Das Vorziehen, also das Ansäen von Zucchinipflänzchen kann im April erfolgen, auch

Kleine Zucchinipflanze auf der Terrasse

hier eignen sich die kompostierbaren Torftöpfchen, wie sie bereits bei Tomaten und Chilis beschrieben wurden. Die Samen sollten etwa drei Zentimeter tief in der Erde stecken, da sie **Dunkelkeimer** sind. Sobald die kleine Pflanze die ersten Blätter (nach den Keimblättern) zeigt, kann sie in die Tasche gesetzt werden und mit etwas Pflege und viel Sonne können die ersten Früchte bereits zwei Monate später geerntet werden!

Bevor die Zucchinipflanze aber in die Tasche kommt, ist zu beachten, dass sie, so wie auch die anderen Kürbispflanzen, zu den sogenannten „Starkzehrern" gehört, das heißt, sie benötigt zum Wachsen und Gedeihen eine enorm **nährstoffreiche Basis** und ein **großzügiges Platzangebot**. Alles unter der Größenordnung einer Transporttasche, die 20 Liter Erde fasst, ist darum zu klein! Wie werden nun die optimalen Bedingungen für die hungrigen Zucchinipflanzen geschaffen? Am idealsten ist reifer Kompost, der großzügig unter die Erde gemengt wird. Es eignet sich aber auch Pferdemist hervorragend, auch dieser sehr beliebte Dünger wird einfach mit der Erde vermischt, am besten im Verhältnis ein Teil Pferdemist zu zwei Teilen Erde. Wer keinen Zugang zu Kompost oder Mist hat, kann auch Hornspäne verwenden. Dieser natürliche Dünger wird in der biologischen Landwirtschaft eingesetzt und kann in Gärtnereien, im Gartengroßhandel oder auch über das Internet bezogen werden. Für die Zucchinipflanze empfiehlt es sich, die Hornspäne nicht unter die Erde zu mischen, sondern zu schichten, also eine Schicht Erde, eine Schicht Späne, eine Schicht Erde und so weiter. Die Hornspäne geben ihre Inhaltsstoffe über drei Monate hinweg ab, es muss also nicht mehr nachgedüngt werden. Die letzte, also oberste, Schicht in der Tasche sollte Erde sein und es sollten mehrere Zentimeter Platz bis zum Taschenrand verbleiben, egal welche Düngerart verwendet wird.

Zucchinipflanzen wollen gut versorgt werden!

Eine Schicht Erde …

… und eine Schicht Hornspäne

Erfolgreich gedüngt: Die Pflanze trägt Früchte.

Zucchinipflanzen mögen nicht nur guten Boden, sondern auch **reichlich Wasser**, vor allem, wenn sie an einem sehr sonnigen Platz stehen, was sie auch bevorzugen. Trotzdem sollte darauf geachtet werden, dass die Pflanzen nicht im Wasser stehen, eine Überprüfung der Feuchtigkeit der Erde ab und an schadet also nicht.

Schnecken lieben junges Gemüse

Pflanzen vor Schnecken schützen: ab in den Taschengarten!

Beim Thema, was Zucchinipflanzen lieben, kommt natürlich auch der Gedanke an diejenigen, die die Pflanzen lieben, unweigerlich auf, was wiederum zum Thema Schnecken führt. Schnecken scheinen von den zarten Zucchiniblüten magisch angezogen zu werden, wer sich also für die Variante Taschengarten am Rasen oder am Rand zum Rasen entscheidet, sollte seine Pflanzen unter Beobachtung halten. Die Tasche selbst schützt einigermaßen gut, doch den besonders hungrigen Schnecken gelingt es natürlich mühelos, die Tasche hochzuklettern. Sollten sich die ersten Vorboten eines großen Schneckenclans auf den Pflanzen zeigen, müssen diese abgesammelt und die Tasche an einen sichereren Ort gebracht werden. Selbstverständlich kann man auch die Variante wählen, jeden Abend einen Kontrollgang zu unternehmen und die Tiere abzusammeln.

Kürbisse

Auch Kürbis gedeiht in den Taschen – mit den Pflanzen verhält es sich ähnlich wie mit Zucchinipflanzen, das bedeutet, sie lieben die **Sonne** und sind Starkzehrer, sie brauchen also **nährstoffreiche Erde**. Grundsätzlich pflanzt man Kürbispflanzen so, wie es bei den Zucchini beschrieben ist, Profigärtner empfehlen aber, die Samen vor dem Einbringen in die Erde eine Nacht in warmem Wasser vorquellen zu lassen. Danach werden die

Samen etwa zwei Zentimeter tief in die Vorpflanztöpfchen gegeben und feucht gehalten. Sobald **kein Nachtfrost** mehr droht, also je nach Region ab Mitte Mai, können die kleinen Pflanzen in die Taschen gesetzt und auf den Balkon oder die Terrasse gestellt werden. Allerdings ist zu bedenken, dass diese Pflanzen wesentlich mehr Platz benötigen als Zucchinipflanzen, da sie **stark ranken** und die Früchte sehr groß werden können. Dies gilt es bei der Auswahl der Samen oder Pflanzen zu bedenken. Hokkaido, Baby Bear oder Butternuss werden zum Beispiel nicht ganz so groß wie der Muskatkürbis oder der Lange von Neapel, deren Früchte mehrere Kilogramm wiegen können.

Nachdem die gewünschte Sorte in die Tasche gepflanzt worden ist, sollte diese an einen Platz gestellt werden, der nicht nur sonnig ist, sondern den Ranken auch genügend Platz bietet. Selbstverständlich kann Kürbis an Balkongeländern ranken, doch dies funktioniert nur, wenn es sich um kleinfrüchtige Sorten handelt. Sollten die Ranken zu lang werden, werden sie einfach gekürzt, dabei sollte aber nie mehr als ein Drittel der Länge entfernt werden. Blüten, die sich auf dem abgezwickten Teil befinden, können übrigens auch verspeist werden, zum Beispiel in frittierter, gebratener oder gefüllter Form.

Der Gartenzaun bietet eine gute Stütze für mehrere Pflanzen.

Gurken

Gurken wachsen ebenfalls in der Tasche und auch sie benötigen **viel Erde** und **viel Platz**, so wie Zucchini und Kürbisse. Eine große Transporttasche ist also auch hier von Vorteil, es sei denn, man entscheidet sich für Minigurkensorten, deren Früchte nicht größer als zehn Zentimeter werden, diese kommen auch mit einem kleineren Pflanzgefäß aus. Sollen die Pflanzen selbst gezogen werden, so eignen sich auch hier am besten die kompostierbaren Vorpflanzgefäße. Die Gurkensamen werden etwa einen halben Zentimeter tief in die Erde eingebracht. Die Erde sollte gut feucht gehalten werden. Sobald die Nachtfröste vorbei sind, dürfen die kleinen Pflanzen hinaus in die Sonne. Wie schon bei Zucchini und Kürbis beschrieben, gilt es, die Erde in der Tasche gut vorzubereiten, sie sollte **ausreichend Nährstoffe** enthalten und mit Kompost oder Hornspänen versetzt sein. Die Taschen werden an einen **sehr sonnigen Ort** gestellt und die Gurken sollten die Möglichkeit zum Ranken haben, besonders geeignet sind also Balkongeländer, Treppengeländer oder ein Spalier. Gurkenpflanzen halten sich, so sie die Möglichkeit haben, von selbst an den **Rankmöglichkeiten** fest, doch sie können unterstützt werden, indem die Triebe mit Bast festgebunden werden. Dieser sollte aber die Pflanzentriebe nicht abschneiden, es gilt also, beim Festbinden immer etwas Spielraum zu lassen. Wenn nun regelmäßig gegossen wird, ist der Gurkenanbau auf jeden Fall erfolgreich!

Noch brauchen die kleinen Pflanzen keine Stütze.

Schon einige Tage später muss umgesiedelt werden: Das Treppengeländer wird zur Rankhilfe.

Eine Zierde für jedes Treppengeländer – die Gurkenpflanze im Hochsommer

Noch mehr Ideen über und unter der Erde

Für den kleinen Taschengarten eignen sich grundsätzlich alle Pflanzen, die mit dem Platz in der Tasche auskommen. Auch wenn einjährige Pflanzen aufgrund der nicht unendlichen Haltbarkeit der Taschen zu bevorzugen sind, können durchaus auch mehrjährige Pflanzen ausprobiert werden. Gärtnern hat viel mit Erfahrung zu tun. Was dem einen gelingt, funktioniert beim anderen nicht, es gilt also, eigenes Wissen zu erlangen, was den Standort des eigenen Balkons oder der Terrasse angeht, was die klimatischen Bedingungen betrifft und vor allem hinsichtlich des eigenen grünen Händchens. Darum kann hier nur eine Auswahl an Pflanzen beschrieben werden – Experimente sind erlaubt!

Karotten

Karotten in der Tasche zu pflanzen, funktioniert, genauso wie das Anpflanzen von Karotten auch in Kübeln möglich ist. Allerdings ist dieses herrlich frische Sommergemüse eine Herausforderung für die Gärtnergeduld, denn die Pflanzen brauchen einigermaßen lange, um Früchte abzuwerfen. Hinzu kommt, dass die kleinen Pflänzchen immer genug Wasser haben sollten, jedoch nie im Wasser stehen dürfen, was dem Taschengärtner absolutes Fingerspitzengefühl abverlangt. Doch wer würde diese Herausforderung nicht annehmen, wenn der Lohn dafür knackige, geschmackvolle Karotten aus eigenem Anbau sind?

Karotten – ein Geschmackserlebnis wie aus Kindertagen

Welche Taschen?

In der Vorbereitung gilt es, tiefe Taschen auszuwählen, denn Karotten brauchen **viel Erdtiefe**. Die Erde sollte sehr locker sein und keine Klumpen aufweisen, da dies dazu führt, dass das Wurzelgemüse nicht gut wachsen kann und die jungen Karottenwurzeln sich spalten müssen. Außerdem sollte dem angehenden Karottengärtner bewusst sein, dass die jungen Pflanzen vereinzelt werden müssen, das bedeutet, dass von den vielen Keimlingen, die nach der Saat aufgehen, nur ein Teil wirklich verbleiben darf. Sehr erfahrene oder geduldige Gärtner und Gärtnerinnen berichten, dass sie die kleinen Samen aber bereits bei der Aussaat so genau auseinandersäen können, dass sie später nicht mehr vereinzeln müssen. Dazu sollten die einzelnen Samen etwa drei Zentimeter voneinander entfernt in die Erde gegeben werden.

Vor der Aussaat

Als Geduldsprobe erweist sich übrigens bereits die Auswahl der Sorte: Es gibt unzählig viele Karottensorten, die in frühe, mittelfrühe und späte

Sorten eingeteilt werden. Wer eine frühe Sorte wählt, kann mit der Ernte bereits nach zwölf Wochen rechnen, mittelfrühe Sorten brauchen mindestens 15 Wochen und späte Sorten gar bis zu 26 Wochen, bis geerntet werden kann. Da Gemüse aus der Tasche oftmals weniger Sonnenlicht oder frische Luft bekommt als Pflanzen, die im Garten wachsen, empfehlen sich frühe Sorten. Zu diesen gehören die Douceur, eine sehr frühe Sorte mit dunkelorangen Früchten, oder die Nantaise, beide bringen sehr feine, saftige Früchte. Besondere Sorten sind in Bioläden, bei ausgewiesenen Züchtern oder auch über das Internet erhältlich. Es spricht aber auch nichts dagegen, eine ganz herkömmliche Karottensorte in die Tasche zu pflanzen.

Aussaat und Vereinzeln

Auf den Samenpackungen befinden sich die genauen Angaben, wie die Samen in die Erde eingebracht werden sollen, in der Regel ist dies

Karotten in der Tasche: Hier müssen noch einige Pflanzen entfernt werden.

Die entfernten Karotten wurden in eine andere Tasche gesteckt.

Unerschütterlich: Karotten wachsen einfach überall!

bei Karotten ein Reihenabstand von drei bis fünf Zentimetern und eine Saattiefe von drei Zentimetern. Karotten sind **Dunkelkeimer**, die Samen müssen also mit Erde bedeckt werden. Sind die Pflänzchen dann etwa acht Zentimeter hoch, müssen sie vereinzelt werden, wie bereits angesprochen wurde, denn der Abstand der einzelnen Pflanzen zueinander soll mindestens drei Zentimeter betragen. Es müssen also, auch wenn noch so sorgfältig und sparsam gesät wurde, einige Pflanzen ausgerissen werden, die größten dürfen stehen bleiben. Dies gewährleistet, dass man auch wirklich gute Früchte ernten kann, denn wenn die Karotten zu wenig Platz unter der Erde haben, verkümmern sie. Der bei den Pflanzungen zu diesem Buch vorgenommene Test, die aus der Karottentasche entfernten Pflanzen in einer neuen Tasche einzusetzen, brachte erheiternde Ergebnisse: Durch das In-die-Erde-stecken der Pflanzen verformten sich die Wurzeln leicht und brachten fröhlich gebogene Karotten auf den Tisch!

Karotten dürfen ruhig ein wenig **Wind** abbekommen, sollte also am Balkon oder auf der Terrasse noch eine Ecke frei sein, in der sich die anderen Pflanzen nicht wohlfühlen, weil ständig eine sanfte Brise darüberstreicht, so ist dies der optimale Standort für die Karottentasche. Der leichte Wind verhindert zum Teil den Befall der Pflanzen durch die Möhrenfliege, ein lästiger kleiner Geselle, der ganze Ernten ruinieren kann. Sollte sich der Taschengarten großteils im und um den Garten befinden, wo der Befall mit Schädlingen leichter stattfinden kann, so kann dies auch durch die Sortenauswahl verhindert werden, die Nantaise zum Beispiel ist bekanntermaßen weniger anfällig für Möhrenfliegen als andere Sorten.

Was abschließend zum Anbau von Karotten am eigenen Balkon gesagt werden sollte, ist natürlich, dass hier nicht mit großen Ernten gerechnet werden kann, hier geht es eher darum, in den Genuss selbst angebauten Gemüses zu kommen, als mit einem Ertrag von mehreren Kilogramm Karotten zu rechnen.

Radieschen

Radieschen sind des Gärtners Freude, der schnelle Erfolge liebt! Die meisten Sorten benötigen eine **Kältephase**, dies ist auf der Samenpackung angegeben. Eine Kältephase bedeutet, dass die bereits in die Erde eingebrachten Samen eine gewisse Zeit bei kühlen Temperaturen verbringen müssen, damit sie keimen können. Für solche Kaltkeimer, die in der Wohnung gezogen werden, ist der Garten in der Tasche wie geschaffen. Die für den Taschengarten angebauten Radieschen wurden an den bereits milden Wintertagen im Februar einfach vor die Haustür gestellt, die Nacht verbrachte die Tasche im kühlen Vorraum. Nach einer

Radieschen aus der Geschenktüte

Woche darf es dann wärmer sein und die Radieschentasche übersiedelte ins Wohnzimmer, wo bereits nach wenigen Tagen die jungen Pflanzen aus der Erde brechen können.

Vor allem für Kinder, die noch nicht die gut gewachsene gärtnerische Geduld an den Tag legen, sind diese Pflänzchen eine große Freude – von der Kältephase bis zur Ernte vergeht nur ein Monat und man kann den Radieschen, wenn sie erst einmal aus der Erde lugen, förmlich beim Wachsen zusehen.

Radieschenpflanzen möchten **lockere, feuchte Erde**, es gilt also, immer gut darauf zu achten, dass die Erde nicht zu trocken wird. Am Anfang wird noch mit der Sprühflasche befeuchtet, sind die Pflanzen dann kräftig genug, werden sie mit der Gießkanne gegossen.

> ## INFO | Kaltkeimer
>
> Radieschen sind sogenannte Kaltkeimer. Eine Menge Pflanzen, vor allem jene, die im Alpenraum beheimatet sind, gehören dieser Gruppe an, was bedeutet, dass die **Keimung nur nach einer bestimmten Kältephase** vonstatten gehen kann. Zuständig dafür sind bestimmte Hormone im Pflanzensamen. Möchte man nun Gemüse, das zu den Kaltkeimern gehört, während der Sommermonate nachziehen, so sollte zuerst auf der Samenpackung überprüft werden, wie lange die Kältephase dauern soll und welche Temperatur dafür optimal ist. Im Falle der Radieschen sind dies meist nur einige Tage bei unter acht Grad. Um diese Temperatur auch im Sommer zu erreichen, nimmt man einfach die gewünschte Anzahl Samen, schlägt sie in ein feuchtes Küchentuch ein – denn die Feuchtigkeit gehört ebenfalls zum Keimprozess – und legt dieses für die angegebene Zeit in den Kühlschrank. Somit kann der Prozess der Keimung im Samen beginnen!

Kartoffeln

Kartoffeln sind dankbare Pflanzen. Sie wachsen gut und vor allem so gut wie überall, wenn sie ein passendes Plätzchen bekommen. Kartoffeln wollen nämlich insbesondere **lockeren, eher sandigen Boden**, der wenn möglich nicht zu nass sein soll. Das Schlimmste, was man Kartoffeln also antun kann, ist, sie in einen torfigen Boden zu pflanzen und dann eine starke Regensaison zu bekommen. Dann wollen sie nicht gern wachsen, was in Zahlen ausgedrückt bedeutet, dass keine oder eine sehr karge Ernte von zwei, drei Kartöffelchen pro Pflanze zu erwarten ist. Nachdem im eigenen Garten also Pflanzversuche dieser Art aufgrund des Bodens eher mager ausfielen, kam die Idee mit dem Taschengarten gerade

Kartoffeln im Jutesack

recht. Was die Erde angeht, so reicht normale Blumenerde, aber auch Gartenerde, die mit einem Drittel Sand vermischt wird, eignet sich gut. Diese Erdmischung wird einfach in einen Kartoffelsack aus Jute gegeben und das optimale Beet für die Kartoffel ist fertig.

Kartoffeln auf Terrasse und Balkon

Sollen auf dem Balkon oder der Terrasse Kartoffeln gepflanzt werden, so ist es sinnvoll, in den Jutesack ein Plastikinlay zu geben, da sonst Wasser und Erde austreten; am einfachsten ist es, die große Tüte, in der die Erde gekauft wurde, zu verwenden. Der Rest ist denkbar unkompliziert: Man nimmt eine Saatkartoffel, steckt sie etwa 15 Zentimeter tief in die Erde, gießt ein wenig und wartet. Normale Kartoffeln aus dem Supermarkt sind oft mit Keimhemmern versetzt, was das Wachstum verhindert oder zumindest enorm einschränkt, darum sollte es eine Saatkartoffel sein. Auch Bio-Kartoffeln eignen sich. Die Kartoffeln dürfen ohne Weiteres bereits angekeimt sein, sie wachsen dann noch schneller. Pro Sack wird eine einzige Kartoffel gepflanzt, diese bringt im Schnitt ein Kilogramm Ertrag. Das Gießen ist, wenn die Pflanze ab und an ein wenig Regen bekommt, kaum mehr notwendig, da sich in der Tasche genügend Feuchtigkeit hält. Einzig in sehr heißen, trockenen Sommern muss viel gegossen werden. Wie bei den anderen Pflanzen gilt auch hier: Hand in die Erde stecken und prüfen, ob sie noch feucht ist. Wird ein Jutesack mit Plastikinlay verwendet, so ist sehr gut darauf zu achten, dass sich kein Wasserstau bildet, das tut den Kartoffeln nicht gut. Es sollte einmal pro Woche überprüft werden, ob die Kartoffel in halbfeuchter Erde ruht oder bereits im Wasser steht. Wenn es sehr viel regnet, empfiehlt es sich, die Kartoffelsäcke an einen Platz unter Dach zu tragen.

Kartoffeln auf dem Balkon: einfacher geht es nicht.

Die angekeimte Kartoffel wird einfach in die Erde gesteckt.

Die Kartoffeln sind im Sack – jetzt heißt es warten.

Kohlrabi

Dieses Gemüse wächst schnell und ausgezeichnet in der Tasche – ein Rundumerfolg für jeden angehenden Taschengärtner! Vom Anbau bis zur Ernte dauert es nur einige Wochen und über das Jahr hinweg können verschiedene Sorten ausprobiert werden. Mit dem Vorziehen der kleinen Pflänzchen kann bereits Ende Februar begonnen werden, ab April können die Pflanzen dann nach draußen. Das Nachsäen der Jungpflanzen kann bis Juli geschehen – diese Früchte werden dann im Herbst geerntet. Wer nicht selbst ansäen möchte, kann bereits Mitte März die Jungpflanzen in Gärtnereien erwerben und auch immer wieder nachkaufen. Der Pflanzabstand der Kohlrabipflänzchen sollte 20 Zentimeter betragen, damit sich die Früchte gut entwickeln können, außerdem sollte darauf geachtet werden, dass die Pflanzen bis zu den Keimblättern in die Erde gesetzt werden. Wenn man sie nicht tief genug einsetzt, besteht die Gefahr, dass die kleinen Pflanzen umkippen, setzt man sie allerdings zu tief ein, liegt die Frucht am Boden auf und ist somit krankheitsgefährdet. Sollten die Kohlrabipflänzchen Blüten bekommen, anstatt eine Frucht zu entwickeln, so ist dies ein eindeutiges Zeichen für zu wenig Wasser oder zu wenig Nährstoffe! Kohlrabi zählen zwar nicht zu den Starkzehrern, benötigen aber eine **nährstoffreiche Erde**, die gut aufbereitet, also gut mit dem Dünger durchmischt und gelockert ist. Ist der Kohlrabi geerntet, sollte die nächste Ernte nicht wieder in derselben Tasche gesetzt werden, denn dort wurden die Nährstoffe bereits aufgebraucht. Die Erde muss erneut aufbereitet werden, besser ist es sogar, in dieser Tasche dann etwas anderes zu pflanzen, beispielsweise Bohnen, Radieschen oder Ringelblumen.

Die kleinen Pflanzen nach dem Ansetzen in der Tasche.

Die ersten Früchte zeigen sich.

Bohnen

Bohnen sind besonders einfach in der Pflege und als **Sichtschutz auf Balkonen** sehr beliebt. Besonders die Feuerbohnen mit ihren leuchtend roten Blüten sind unglaublich dekorativ, auch an nackten Hauswänden und Treppengeländern. Für eine einzelne Pflanze genügt eine mittlere Tasche mit etwa zehn Litern Erde, wenn man mehrere Pflanzen in einer Tasche haben möchte, wählt man eine entsprechend größere Tasche. Wichtig ist die **Kletterhilfe** – Bohnen möchten an etwas hochranken. Dies können in Ermangelung eines Treppen- oder Balkongeländers auch einfach Drähte sein, die nach oben gespannt, oder professionelle Kletterhilfen aus dem Gartenmarkt, die in die Tasche gesteckt werden.

Feuerbohnen – ein Vorhang aus feuerroten Blüten

Die Bohnensamen werden Mitte Mai gesät und die Tasche kann ab diesem Zeitpunkt schon dort stehen, wo sie den Rest der Saison verbringen wird. Hinsichtlich der Vorbereitung der Erde ist die Bohne relativ bescheiden, es muss nicht unbedingt gedüngt werden, einige Hände voll Hornspäne in der Erde schaden aber nicht. Ein Platz an der Sonne ist natürlich wunderbar, doch die zarten Pflanzen geben sich auch mit einer Ecke im **Halbschatten** zufrieden. Allerdings möchten die Bohnenpflanzen **ausreichend gegossen** werden, ohne dass es dabei zu Staunässe kommt. Werden diese wenigen Punkte beachtet, kann man sich bereits im Juni an den Blüten der Bohnenpflanzen freuen, je nach Sorte weiß oder feuerrot. Geerntet werden können bereits die grünen Bohnen, wenn man diese bevorzugt, oder aber später die gereiften Samen aus den Hülsen. Diese sind so weit, wenn die Schoten braun und vertrocknet sind und die Bohnen darin rascheln, wenn die Schoten geschüttelt werden. Aus einigen wenigen Pflanzen können Bohnen für eine ganze Portion Chili geerntet werden und es bleibt sogar Saatgut für das kommende Jahr!

Erbsen

Erbsen sind wie Bohnen keine Pflanzen, die auf dem Balkon reichlich Ernte versprechen, aber sie sind unglaublich **dekorativ** und es zahlt sich aus, den wunderbaren Geschmack frischer Zuckererbsen von der Staude zu erleben, auch wenn es nur eine Handvoll Früchte sind, die geerntet werden. Erbsen ranken wie Bohnen nach oben, kommen also gut mit einer **Kletterhilfe** wie einem Spalier oder Draht zurecht. Die besonders schmackhaften Zuckererbsen werden Anfang April gesät, sie werden einfach einige Zentimeter tief in die Erde gesteckt. Es können durchaus vier Erbsen in eine Tasche gesteckt werden, die dann gemeinsam eine Kletterhilfe verwenden und neben einer dichten Blütenpracht auch einen guten Sichtschutz für den Balkon bieten.

Erbsen sind dekorativ und schmackhaft.

Erbsen sind **Schwachzehrer**, benötigen also so gut wie keinen Dünger und bevorzugen einen schattigen bis halbschattigen Platz. Die Pflanzen vertragen sich nicht mit anderen Schmetterlingsblütlern und sollten darum nicht direkt neben Bohnen stehen. Auch Kartoffeln oder Tomaten möchten sie nicht direkt in ihrer Nachbarschaft, man sollte sich also den Balkon gut einteilen, bevor man ans Pflanzen geht. Neben der erfreulichen Tatsache, dass Erbsen kaum Pflege brauchen, was die Düngung angeht, reichern Erbsenpflanzen auch noch die Erde, in der sie wachsen, mit Stickstoff an. Die Erde aus der Erbsentasche ist also für die nachfolgende Gartensaison bereits perfekt mit Stickstoff gedüngt!

Rote Rüben

Vorgezogene Rote-Rüben-Pflänzchen sind im Frühling und Frühsommer in den Gärtnereien und Bioläden, die Pflanzen anbieten, erhältlich. Die Pflanze ist unkompliziert und **gedeiht hervorragend** auf Balkon und Terrasse, wenn das Gefäß, in das die Pflänzchen gesetzt werden, genügend Tiefe aufweist. Transporttaschen bieten hervorragend Platz für das gesunde Gemüse – in solch einer Tasche können sechs bis acht Rote Rüben wunderbar gedeihen. Die Erde in der großen Tasche sollte nährstoffreich sein, kann also vor dem Auspflanzen der kleinen Pflanzen noch einmal mit Kompost angereichert oder mit Brennnesseljauche ordentlich gegossen werden. Außerdem sollte sie sehr gut geharkt sein, damit sich keine großen Klümpchen darin befinden.

Rote Rüben gedeihen perfekt im Taschengarten – Vitamine direkt aus der Tasche!

Rote Rübe ist frostempfindlich

Wer die Rote Rübe (Rote Bete) selbst ansäen möchte, sollte daran denken, dass die Pflanze **frostempfindlich** ist, ein Ansäen im Freien ist also vor Ende Mai nicht anzuraten. Vom Ansäen bis zur Ernte vergehen etwa vier Monate, man kann also die Ernte durchaus staffeln und von Mai bis Juni im Freien, von April weg bereits in der Wohnung ansäen. Die Samen der Roten Rübe werden in einem beliebigen Gefäß in zwei bis drei Zentimeter tiefe Löcher gegeben und mit Erde bedeckt. Es sollte Anzuchterde verwendet werden. Bei genügend Wärme und regelmäßigem Gießen keimen die Samen nach zwei bis drei Wochen und die Pflänzchen können, sobald sie etwa zehn Zentimeter hoch sind, in die Tasche gesetzt werden. Dabei sollte der Abstand zwischen den Pflanzen etwa zehn Zentimeter betragen, damit die Früchte gut Platz zum Wachsen und Reifen haben.

Rote Rüben lieben und brauchen einen **sonnigen Standort**. Die Pflanzen wachsen zwar auch im Halbschatten, doch je sonniger sie es haben, desto besser!

*Kleine Rote-Rüben-Pflanzen in der
schwedischen Transporttasche.*

*In guter Gesellschaft an einem
sonnigen Platz.*

Die Pflanzen gedeihen prächtig.

*Auch die Blätter der Roten Rüben
sind genießbar.*

Melanzani (Aubergine)

Auch Melanzani können auf dem Balkon gedeihen, doch der angehende
Taschengartenspezialist sollte daran denken, dass diese Pflanzen, so wie
auch Zucchini- oder Kürbispflanzen, sehr groß werden und auch dementsprechend große Früchte hervorbringen. Es empfiehlt sich also, eine Sorte
mit kleinen Früchten zu wählen. Diese Sorten werden „Mini-Auberginen"
genannt und gedeihen hervorragend in der Tasche. Die Jungpflanzen sind
ab Mitte Mai in Gärtnereien und auf Pflanzmärkten erhältlich.

Selbstverständlich lassen sich auch Melanzanipflanzen selbst ziehen,
doch sie sind etwas empfindlich. Je nach Sorte müssen die Samen schon

im Februar in kleine Pflanzgefäße mit nährstoffreicher Erde gesteckt werden und sollten sich bei einer Keimtemperatur von 20 Grad auch entwickeln. Am besten werden Töpfchen aus Torf verwendet, damit die empfindlichen Pflänzchen nicht mehr aus der Erde gezogen werden müssen, wenn sie groß genug sind, sondern mitsamt dem verrottbaren Topf in die Tasche gesetzt werden können. Die Samenkörner werden zwei Zentimeter tief in die Erde gesteckt. Nach der Keimung heißt es warten – die Keimlinge dürfen umgesetzt werden, wenn sie etwa 15 Zentimeter hoch sind und mindestens fünf Blättchen entwickelt haben. Sollte man in der Wohnung oder im Wintergarten keinen Platz für die Taschen haben – Melanzani möchten schließlich **gut gedüngte, große Pflanzbehältnisse**, um optimal gedeihen zu können – so gilt als Faustregel, dass zwischen Saat und Umsetzen drei bis vier Wochen vergehen. Dementsprechend wird man, im Hinblick auf die klimatischen Verhältnisse, den Nachtfrost und die Platzverhältnisse, das Ansäen planen.

Da die Pflanzen, vor allem großfruchtige Sorten, bis zu einem Meter hoch werden können, muss auch eine **Stütze** eingeplant werden. Entweder stellt man die Tasche an ein Geländer oder sorgt für eine Stütze an der Hauswand, damit die Pflanze nicht umknicken und das Gewicht der Früchte auch tragen kann.

Mangold und Spinat

Mangold und Spinat sind miteinander verwandt – beide gehören zur Familie der Fuchsschwanzgewächse (Amaranthaceae) – und dennoch sehr verschieden. Mangold ist eine Kulturform der Wilden Rübe und somit auch mit der Roten Rübe verwandt. Die alte Kulturpflanze wurde durch den Spinat fast gänzlich von unserem Speiseplan verdrängt, kommt aber mittlerweile wieder sehr in Mode. Der Anbau von Mangold ist denkbar unkompliziert und gelingt auf Balkon und Terrasse genauso wie im Freiland oder im Gewächshaus. Die kleinen Pflanzen können ab Mai im Fachhandel erworben werden, doch auch das Selbstansäen dieses schmackhaften Gemüses gelingt meist ohne großen Aufwand.

Mangold

Für Mangold verwendet der Taschengärtner eine große, weite Transporttasche mit mindestens 30 Litern Fassungsvermögen. Da die Pflanzen einen Abstand von mindestens 15 Zentimetern zueinander haben sollten, passen in solch eine Tasche etwa sechs Pflanzen. Diese Pflanzen können ab April in der Wohnung vorgezogen werden, am besten in kleinen, kompostierbaren Töpfchen. Die Keimdauer der Mangoldsamen beträgt etwa zwei Wochen und die Pflanzen dürfen ab einer Höhe von zehn Zentimetern

Eine kleine Mangoldpflanze in der Tasche

umgesetzt werden – bei der Verwendung von Torftöpfchen kann man sich auch etwas länger Zeit lassen, da die Pflanze ohnehin mit dem Töpfchen in die Tasche gesetzt wird. Mangold ist nicht sehr empfindlich, dennoch sollten die jungen Pflänzchen keinen frostigen Nächten ausgesetzt sein. Die Mangoldsamen können auch ab Mai direkt in die Tasche gesät werden. Dazu befüllt man die Tasche mit nährstoffreicher Erde, düngt diese also vor dem Säen schon gut mit Brennnesseljauche oder einem Dünger nach Wahl, drückt die Erde fest und sät dünn aus. Die Samen werden mit zwei Zentimetern Erde bedeckt und gut gegossen. Wenn die kleinen Pflanzen eine Größe von etwa zehn Zentimetern erreicht haben, wird die Saat ausgedünnt, man lässt also nur die größten Pflanzen stehen und zieht die anderen vorsichtig aus der Erde. Diese Pflanzen können nun in eine andere Tasche gesetzt oder an motivierte Gärtner weitergeschenkt werden.

Mangold – ein unkompliziertes Gemüse

Nach zwei Monaten kann geerntet werden, dazu schneidet man die großen Blätter an der Pflanze von außen beginnend ab, die inneren Blätter müssen stehen bleiben, damit die Pflanze weiterwächst. Welke Blätter an der Pflanze sollten regelmäßig entfernt und im Laufe einer Gartensaison sollte auch noch einmal nachgedüngt werden. Mangold ist ein **Starkzehrer**. Auch wenn es für den Balkongärtner mit wenig Platz schwierig ist, auf die Nachbarschaftsvorlieben seiner Pflanzen zu achten, sollte Mangold nicht direkt neben Spinat stehen und keinesfalls in dieselbe Tasche gesät werden.

Mangold in der Werkzeugkiste

Mangold in verschiedenen Farben – eine Bereicherung für den Speiseplan

Da Mangold eine **zweijährige Kulturpflanze** ist, können die Pflanzen überwintert werden. Um Samen zu gewinnen, muss man dies ohnehin tun, denn im zweiten Jahr bildet die Pflanze neben den Blättern auch Blüten und Samen, die geerntet und im nächsten Jahr wiederverwendet werden können. Zum Überwintern müssen die Wurzeln der Pflanze vor Frost geschützt werden. Man schneidet die letzten Blätter ab, deckt die Pflanze mit Mulch ab und bereitet die Tasche dann auf den Frost vor, wie im Kapitel „Herbst" beschrieben wird.

Spinat

Spinat gedeiht prächtig in der Tasche, man benötigt für diese Pflanze eine **weite Tasche**, die viel Oberfläche bietet und nicht unbedingt viel Erdtiefe aufweisen muss. Spinat wird in Reihen gesät, die großen Samenkörner sollten einzeln etwa zwei Zentimeter tief in die nährstoffreiche Erde gesteckt werden, mit etwa zwei Fingerbreit Abstand zueinander und einem Reihenabstand von 15 Zentimetern. Die Samen werden nur locker mit Erde bedeckt, die Erde sollte nicht festgedrückt werden. Die Aussaat kann im Frühling von März bis Mai erfolgen und im Herbst von August bis September, bei achtsamem Umgang mit den Pflanzen kann bis zu viermal nachgeerntet werden. Die Keimdauer der Samen beträgt zwei bis drei Wochen und die erste Ernte kann etwa einen Monat später erfolgen. Dazu werden die frischen Spinatblätter abgepflückt, die mittleren Blätter, also das „Herz", lässt man jedoch bei jeder Pflanze stehen. Wenn die kleinen Blätter nicht mehr nachwachsen, kann durchaus noch einmal gesät werden. Die späte Saat kann dann bis in den Winter hinein geerntet werden.

Spinat muss nicht nachgedüngt werden, braucht aber **viel Wasser**, er sollte regelmäßig gegossen werden. Um Staunässe zu vermeiden, kann man, wie auch bei den Mangoldpflanzen, Tonscherben in die Erde mischen, jedoch nicht in die obere Erdschicht, sondern in mindestens 20 Zentimetern Tiefe.

Spinat: Vitamine vom Balkon bis in den Winter

Auch bei Spinat gibt es winterharte Sorten, doch es stellt sich die Frage, ob man die zarten Pflänzchen im Taschengarten über den Winter bringen möchte. Die meisten Balkon- und Terrassengärtner ernten den Spinat einfach so lange, bis er nicht mehr nachwächst und leeren dann die Taschen.

Zwiebeln

Für den Anbau von Zwiebeln ist etwas Geduld vonnöten. Es empfiehlt sich, mit **Steckzwiebeln** zu arbeiten. Diese kleinen, vorgezogenen Zwiebelchen werden ab April in einem Abstand von zehn Zentimetern in die

Erde gesteckt, und zwar so, dass die Spitzen noch aus der Erde ragen. Spätestens im August sind die Zwiebeln dann erntefähig – das ist daran erkennbar, dass ein Großteil des Zwiebellaubs gelb ist. Normalerweise ist mit einer Kulturdauer von drei Monaten zu rechnen. Die Früchte werden vorsichtig aus der Erde genommen und können wunderbar gelagert werden. Dazu lässt man sie vorerst einige Stunden an der Sonne trocknen, schneidet dann das übrige Blattwerk ab und lagert die Zwiebeln luftig an einem kühlen Ort. Zwiebeln gehören nicht in den Kühlschrank!

Eigene Nachzucht von Zwiebeln

Selbstverständlich können Zwiebeln auch selbst gezogen werden. Dazu lässt man eine oder zwei Zwiebeln wachsen, bis sie einen Blütenstand bilden. Diese kugelförmige Blüte wird abgeschnitten, sobald sie zu trocknen beginnt, und über einem Tuch aufgehängt. Die Samen werden in dem Tuch aufgefangen. Nun heißt es, bis zum nächsten Frühling zu warten. Im April werden die Samen breitflächig gesät, nicht zu dicht, und mit zwei Zentimetern Erde bedeckt. Die Keimdauer von Zwiebelsamen beträgt drei bis vier Wochen, aus diesen wachsen kleine Zwiebelchen, die nach der Abtrocknung des Laubes vorsichtig aus der Erde genommen werden. Diese Zwiebeln werden gut in der Sonne getrocknet und dann bis zum nächsten Frühling gelagert, um als Steckzwiebeln gesetzt zu werden!

Zwiebeln lieben **nährstoffreichen Boden**, der vor dem Einbringen der Steckzwiebeln gut vorbereitet wird, am besten mit Kompost gemischt oder mit Brennnesseljauche gedüngt. Während der Wachstumsphase müssen Zwiebeln nicht mehr gedüngt werden.

Auch Zwiebeln gedeihen in Töpfen und Taschen.

Knoblauch

Auch das Anpflanzen von Knoblauch ist denkbar einfach. Man muss lediglich bedenken, keinen importierten Knoblauch aus dem Supermarkt zu kaufen, sondern **heimischen Knoblauch**, da dieser kälteunempfindlich ist. Die einzelnen Zehen werden sorgsam voneinander gelöst und dann im Abstand von zehn Zentimetern in etwa fünf Zentimeter tief und mit der Spitze nach oben in die Tasche gesteckt. Idealerweise geschieht dies im Herbst. Über den Winter ruht die Knoblauchzehe in der Erde und im Frühling wird sehr bald, nachdem die ersten Sonnenstrahlen die Kälte verjagt haben, das erste Grün aus der Erde kommen. Während des Winters muss nicht gegossen werden, die Pflanze ruht. Doch im Frühling muss natürlich Wasser an die Knoblauchzehen, damit sie wachsen können. Knoblauch verzeiht Trockenperioden, möchte es aber keinesfalls zu feucht haben. Darum empfiehlt sich ein Pflanzgefäß mit **reichlich Erdtiefe**, wie es eben eine Tasche bietet, denn sollte man tatsächlich einmal etwas zu viel

Knoblauch sorgt mit wenig Aufwand für frischen Geschmack aus dem eigenen Garten.

*Der Knoblauchzopf –
immer griffbereit*

Wasser erwischt haben, wird dieses in die tieferen Erdschichten sickern. Somit steht die kleine Pflanze nicht im Wasser. Wer das Anpflanzen von Knoblauch ohne Winterruhe versuchen will, sollte Knoblauch kaufen, der schon ein klein wenig ausgetrieben hat.

Knoblauch liebt **sonnige, warme Standorte** und steht ungern im Regen, darauf sollte besonders gut geachtet werden. Knoblauch ist reif zum Ernten, wenn das Grün beginnt, welk zu werden. Um die Entwicklung der Knollen zu verbessern, schneidet man die im Sommer entstehenden Blütentriebe ab. Das Blattwerk muss aber an der Pflanze belassen werden, sonst kann sie nicht gedeihen. Nach dem Ernten werden die Knollen an der Sonne getrocknet und die welken Blätter entfernt. Ist die Ernte reichlich, kann man das welke Laub aber auch an den Knollen lassen und einen Zopf damit flechten, der in der Küche aufgehängt wird. So ist der Knoblauch immer griffbereit und zudem dekorativ. Wer ein Problem mit dem Knoblauchgeschmack hat, dem sei empfohlen, Knoblauch immer zusammen mit frischem Ingwer zuzubereiten – mit dieser Mischung wird die berühmte „Knoblauchfahne" vermieden.

Ingwer

An dieser Stelle darf also der Ingwer nicht fehlen! Ingwer kann auch in unseren Breitengraden angebaut werden, er möchte es aber **sehr warm** und **sehr sonnig** haben – solch ein Platz sollte für die Pflanze auf dem Balkon reserviert werden. Eine mittelgroße Tasche wird mit nährstoffreicher Erde befüllt, die Ingwerknolle wird auf die Erde gelegt und mit etwa zwei Zentimetern Erde bedeckt. Die Knolle kann man im Supermarkt genauso wie im Bioladen kaufen, es sollte darauf geachtet werden, dass die Knolle unbeschädigt, frisch und prall ist, also keineswegs verschrumpelt. Manchmal erwischt man Knollen, die schon erste Triebe zeigen, diese sind optimal. Die Erde, in die die Knolle gelegt wurde, wird gut gegossen und in der Folge immer schön feucht gehalten. Das erste Grün müsste nach zwei Wochen aus der Tasche lugen. Manche Gartenexperten empfehlen, die Knolle vor dem Einpflanzen eine Nacht lang in ein Tuch zu wickeln und in warmes Wasser zu legen. Andere wiederum raten, nicht die ganze Knolle einzusetzen, sondern diese in Stücke zu schneiden, dabei sollten auf jedem Stück drei bis vier Triebspitzen sichtbar sein. Für das Taschengartenexperiment wurden nur ganze Knollen verwendet.

Ingwer benötigt viel Zeit

Da Ingwer acht bis zehn Monate zur erntereifen Knolle benötigt, muss er bereits sehr früh im Jahr, also im März, gepflanzt werden. Ingwer verträgt allerdings **keinen Frost**, weshalb die Tasche vorerst in der

Wohnung stehen und je nach Ende der Nachtfröste im April oder Mai nach draußen gestellt werden sollte. Dort wird die Pflanze dann über den Sommer hinweg ihre schilfähnlichen Blätter entwickeln. Das Ingwergrün kann ebenfalls verzehrt werden, es schmeckt ein wenig frischer und weniger scharf wie die Ingwerknolle. Allerdings sollte nicht sofort alles Grün abgeschnitten werden, sonst kann die Pflanze nicht mehr gedeihen!

Frische Ingwerknolle

Vor dem Winter werden die verbliebenen Blätter braun und zeigen an, dass nun geerntet werden kann, die frischen Wurzeln können aus der Erde geholt werden. Da Ingwer **mehrjährig** ist, kann es sein, dass die Ernte im ersten Herbst noch sehr dürftig ist – man nimmt also nur wenig der frischen Wurzel, setzt den Rest wieder ein und bereitet ihn für die Überwinterung vor. Dazu werden alle Blätter abgeschnitten und die Tasche wird so, wie im Kapitel „Herbst" beschrieben, kältefest gemacht.

Erdbeeren

Auch Erdbeeren können in der Tasche wachsen! Erdbeeren sind pflegeleicht und eine optische Aufwertung für jeden Balkon. Beim Kauf der Pflanzen sollten Sorten gewählt werden, die für Töpfe und Balkonkästen geeignet sind, diese werden auch die Tasche lieben. Solche Sorten sind zum Beispiel Clery oder Florence. Wenn man diese beiden Sorten mischt, hat man den ganzen Sommer über Freude an den Früchten, denn sie reifen zu unterschiedlichen Zeiten. Die Erdbeerpflänzchen werden in eine mittelgroße bis große Tasche gesetzt, in einer Transporttasche haben auch zwei Pflanzen Platz, und sollten einen sonnigen Standort bekommen.

Erdbeeren möchten **keine Staunässe**, wollen jedoch **regelmäßig gegossen** und auch den Sommer über **gedüngt** werden. Die bereits beschriebene Brennnesseljauche ist dafür ausreichend. Außerdem sollten braune

Egal ob Topf oder Tasche: Erdbeeren sind schmackhaft und dekorativ!

Blätter regelmäßig entfernt und die Erde um die Pflanze ab und an gelockert werden. Im Herbst werden die Pflanzen mit Stroh, Holzspänen oder Rindenmulch abgedeckt und so versorgt, wie im Kapitel „Herbst" beschrieben, dann überstehen sie den Winter gut und sind auch in der nächsten Saison wieder eine Freude für jeden Balkongärtner.

INFO | Schwachzehrer – Starkzehrer

Damit Pflanzen gedeihen können, brauchen sie zuallererst Licht, Luft und Wasser. Hinzu kommen Stickstoff sowie verschiedene Mineralien wie Phosphor, Kalium, Kalzium, Magnesium und Schwefel. All diese Stoffe sollten im Boden vorhanden sein – sind sie es nicht, muss gedüngt werden. Pflanzen lassen sich nach ihrem Stickstoffbedarf in sogenannte Schwachzehrer, Mittelzehrer und Starkzehrer einteilen, wobei diese Kategorisierung überlappend ist, oft sortenabhängig ist und somit nur als grobe Richtlinie verstanden werden kann.

Sogenannte **Schwachzehrer** sind Pflanzen, die wenig Stickstoffbedarf haben, magere Böden bevorzugen und auf zu nährstoffreiche Erde empfindlich reagieren. Schwachzehrer kommen ursprünglich aus Gegenden mit kargem Boden und sind darauf eingestellt, in dieser Kargheit bestmöglich zu überleben. Sie müssen nicht gedüngt werden und kommen oft mit wenig Wasser aus. Viele Kräuter, vor allem solche aus dem mediterranen Raum, gehören zu den Schwachzehrern. Auch Erbsen und Bohnen, Feldsalat, Kresse und Radieschen sind Schwachzehrer.

Unter **Starkzehrern** versteht man Pflanzen mit hohem Stickstoffgehalt. Sie brauchen sehr gut gedüngte Böden, um eine optimale Ernte zu bringen und müssen auch während der Saison gedüngt werden. Die Erde, in die ein Starkzehrer gepflanzt werden soll, sollte mit Kompost angereichert werden und während der Wachstumsphase darf mehrmals mit einem Dünger wie Brennnesseljauche gedüngt werden. Dabei sollte darauf geachtet werden, dass diese Dünger nicht unverdünnt an die Pflanze gelangen, sondern dem Gießwasser beigemengt werden müssen. Zu den Starkzehrern werden Melanzani, Gurken, Kürbis, Sellerie, Tomaten oder Zucchini gezählt.

Mittelzehrer sind schließlich Pflanzen, die mit ihrem Stickstoffbedarf zwischen den Schwach- und Starkzehrern liegen, sie brauchen nährstoffreichen Boden, müssen aber nicht mehrmals pro Gartensaison nachgedüngt werden. Wie gesagt, die Grenzen sind fließend, in der Literatur werden oftmals Pflanzen als Mittelzehrer bezeichnet, die anderswo als Starkzehrer geführt werden. In einigen Gartenfachbüchern werden folgende Pflanzen als Mittelzehrer aufgelistet: Knoblauch, Kohlrabi, Karotten, Radieschen, Rote Bete und Spinat. Ist man sich nicht sicher, empfiehlt es sich, hier bei den einzelnen Pflanzen nachzuschlagen oder einen Experten zu befragen. Oftmals sind Düngeempfehlungen auch auf Samenpackungen vermerkt oder auf den kleinen Pflanzenschildchen beim Kauf der Pflanze.

Des Hobbygärtners liebstes Kind: Kräuter

Ein eigenes Kräuterbeet ist sicher der Traum eines jeden Gartenlieb-
habers. Kräuter duften, blühen in den schönsten Farben und locken
Insekten an, die oftmals auf den stark bewirtschafteten Wiesen keine
Heimat mehr finden, weil durch Überdüngung und zu frühes Mähen die
Pflanzenvielfalt leidet. Im Kräuterbeet kann ein Reichtum entstehen, der
sowohl die Insekten versorgt als auch den Menschen erfreut. Was aber,
wenn das Beet fehlt? In diesem Fall können Treppenaufgänge, Terrassen,
Balkone, Fensterbänke und jeder noch so kleine zur Verfügung stehende
Platz verwendet werden – ein eindeutiger Fall für den Taschengärtner!

Besonders geeignete Kräuter für den Taschenschrebergarten sind **einjährige Pflanzen**, denn die Haltbarkeit der Taschen wird meist nicht mehr
als eine Saison betragen. Für mehrjährige wie auch einjährige Pflanzen können neben den Taschen auch traditionelle Tontöpfe oder nach
kreativen Einfällen auch andere feste Gefäße verwendet werden, vom
ausrangierten Teeservice über den Suppentopf bis zum Kräutergarten
in der Dose. Besonders haltbare und wetterfeste Taschen können auch
für die mehrjährigen Kräuter verwendet werden.
Zu den bekanntesten Küchenkräutern gehören sicher die Kresse und das
Basilikum, doch auch Koriander, Oregano oder Bohnenkraut sollten in
keiner Küche fehlen. In der Folge wird eine Auswahl an Kräutern vorgestellt, jeder Gartenliebhaber hat aber hier seine eigenen Vorlieben und
wird sicher noch weitere Kräuter für Balkon und Terrasse nennen können, die bei ihm besonders gut gedeihen. Hier darf der Taschengärtner
durchaus experimentierfreudig sein!

Kresse
Unter den beliebtesten Kräutern in den heimischen Küchen befindet sich
die Kresse. Die bekanntesten Kressesorten sind die Gartenkresse und die
Kapuzinerkresse, beide sind sehr einfach zu ziehen, gedeihen prächtig
und schmecken in Salaten und als Brotaufstrich.

Gartenkresse
Wie die meisten Kräuter benötigt Gartenkresse wenig Erde, gedeiht also
auch in flachen Schalen und kleinen Behältnissen. Gartenkresse wächst
sogar auf einem feuchten Tuch oder einem Stück Küchenrolle, die Pflanzen können bereits nach einer Woche geerntet werden und brauchen
somit keine Nährstoffe aus der Erde. Gartenkresse ist ein **Lichtkeimer**,
es bedarf also keiner Erde, mit der die Samen bedeckt werden müssten.
Die Samen werden einfach aufgestreut, ob auf Erde oder Textilien, und

Kresse in der Dose

Kresse in der Schachtel

mit reichlich Wasser besprüht. Das Gefäß wird an einen hellen Ort gestellt und nun kann man den Kressepflänzchen förmlich beim Wachsen zusehen. Solange die Pflänzchen noch sehr zart sind, empfiehlt es sich, sie zu besprühen und nicht zu gießen, denn durch das Gießen können die kleinen Pflanzen umfallen.

Besonders für die interessierten Nachwuchsgärtner ist das Pflanzen von Kresse eine große Freude, da die Zeit, bis die Kräuter geerntet werden können, überschaubar ist und somit ein rasches Erfolgserlebnis garantiert ist. Erntereif ist die Kresse im Prinzip, sobald die kleinen Blättchen entwickelt sind, wenn man sich geduldet, bis die Kräuter etwa zehn Zentimeter hoch sind, hat man den optimalen Ernteerfolg. Die Kresse kann mit einer Schere knapp über dem Boden abgeschnitten und dann sofort verarbeitet werden. Dazu wird sie fein gehackt und auf ein Butterbrot gestreut, dem Salat beigegeben oder zu einem pikanten Brotaufstrich verarbeitet.

Gartenkresse wächst nicht nach! Wenn sie komplett abgeerntet ist, kann das Gefäß – sei es nun eine kleine Tasche oder eine Dose – umgegraben und die Erde leicht festgedrückt werden, dann kann neu ausgesät werden. Gartenkresse wächst auch in Räumen gut und kann das ganze Jahr über auf der Fensterbank kultiviert werden.

Kapuzinerkresse
Im Gegensatz zur Gartenkresse ist Kapuzinerkresse ein **Dunkelkeimer**, die Samen müssen also einen bis zwei Zentimeter tief in die Erde gesteckt werden. Die Wahl der Erde wirkt sich auf das Ergebnis aus – bei

Verwendung von humusreicher Erde werden die Pflanzen mehr Blätter entwickeln, die sich herrlich für Salate eignen, ist der Boden sehr mager, werden die Pflanzen mehr Blüten ausbilden. Diese können ebenfalls in Salate gemischt oder zum Garnieren verschiedenster Speisen verwendet werden. Die blühenden Pflanzen sind zusätzlich eine Pracht für jeden Garten und Balkon. Beim Anbau in Taschen ist gut darauf zu achten, dass das Gießen nicht übertrieben wird – Kapuzinerkresse möchte zwar regelmäßig gegossen werden, verträgt aber **keine Staunässe**, die Wurzeln sollen also nicht im Wasser stehen.

Taschen haben den großen Vorteil, dass sie die Feuchtigkeit gut in der Erde halten, bei Salatanbau hat sich zum Beispiel gezeigt, dass nur sehr selten gegossen werden muss. Allerdings kann es auch passieren, dass die Erde zu nass ist, weil es der frisch gebackene Taschengärtner zu gut meint. Ist man sich unsicher, empfiehlt es sich, immer vor dem Gießen den Finger in die Erde zu stecken und so festzustellen, ob die Pflanze Wasser braucht.

Geerntet werden kann die Kapuzinerkresse, sobald sie ein wenig zu ranken beginnt und sich einige Blätter entwickelt haben. Die Blätter und wahlweise auch Blüten werden einfach abgezupft, die Pflanze wächst die ganze Saison über weiter, vorausgesetzt, es werden nicht sofort alle Blätter abgeerntet. Bei Kapuzinerkresse gibt es rankende wie auch buschige Sorten, je nachdem, welche gewählt wird, kann man die Pflanze auch dekorativ um andere Pflanzgefäße, Balkongeländer herum- und an Spalieren hochwachsen lassen. Werden einige Blüten bis zur Reifung an der Pflanze belassen, erhält man Samen für die kommende Saison. Dazu

Die ersten zarten Blätter lugen aus der Tasche.

Gut entwickelt: Blätter und Blüten in voller Pracht.

*Kapuzinerkresse ist
überaus gesund.*

wartet man, bis die Blüte komplett verblüht ist und die daraus entstandene Frucht sich braun verfärbt und vertrocknet. Jetzt kann die kleine Frucht von der Pflanze genommen und die Samen können herausgelöst werden. Wird zu lange gewartet, springen die Samen von alleine aus der Frucht und wachsen im kommenden Jahr an den Stellen, an denen sie auf die Erde gefallen sind. Ein Gärtner mit Garten muss sich um das Pflanzen der Kapuzinerkresse kaum kümmern – ein Taschengärtner wird die Früchte allerdings früh genug ernten, um auch in der folgenden Saison wieder Freude an der orangegelben Pracht zu haben.

Brunnenkresse

Kapuzinerkressepflänzchen wollen keine nasse Erde, ganz anders will es die Brunnenkresse. Dieses würzige Kraut wächst in der freien Natur bevorzugt an fließenden Gewässern und in Sümpfen. Wer allerdings keinen Wald mit einem sprudelnden Bach in der Nähe hat, an dem die Brunnenkresse wächst, kann diese durchaus selbst anbauen, allerdings ist dies keine Pflanze für den Taschengarten und sie wird hier nur der Vollständigkeit halber erwähnt. Die Samen sollten in einer wasserfesten Schale oder einem anderen wasserfesten Gefäß auf Erde gesät und leicht mit Erde bedeckt werden. Die Erde sollte immer gut feucht bleiben, bis die kleinen Pflanzen ungefähr vier Zentimeter hoch sind, dann wird so viel nachgegossen, dass das Wasser etwa einen Zentimeter hoch im gewählten Gefäß steht.

In diesem Rhythmus wird weitergearbeitet – wenn die Pflanzen das Wasser aufgenommen haben, sodass die Erde nur noch feucht ist, gibt es als kleine Belohnung wieder einen Zentimeter Wasser. Ab einer Pflanzenhöhe von ungefähr acht Zentimetern kann bereits geerntet werden, wobei die Ernte jedenfalls noch vor der Blüte stattfinden sollte. Brunnenkresse gilt als würzige Salatbeigabe und als optimaler Vitaminspender, die zarten Blätter enthalten die Vitamine A, B1, B2, C und E sowie Eisen, Iod, Phosphor und Kalzium.

Basilikum

Basilikum: betörender Duft
aus der eigenen Tasche

Basilikum, sicher eine der beliebtesten Kräuterpflanzen für Balkon und Fensterbrett, ist mit seinem betörenden Duft aus der mediterranen Küche nicht wegzudenken. Die zarten Blätter vermitteln das Gefühl von Wärme, Sommer und Sonne. Basilikum wächst am besten an **warmen**, **sonnigen Standorten** und die meisten Sorten bevorzugen Temperaturen von über 20 Grad. Dies und die Tatsache, dass Basilikum auf Schnecken eine fast magische Anziehungskraft ausübt, spricht dafür, dass die Pflanzen transportfähig gepflanzt werden sollen – ein weiterer klarer Fall für den Taschengarten!

Viele Gärtner berichten, dass bei ihnen das selbst gesäte Basilikum nicht oder nicht gut wächst. Der Grund dafür ist, dass Basilikum keine besonders pflegeleichte Pflanze ist, zumindest nicht in unseren Breiten. Es muss sehr genau darauf geachtet werden, dass die Pflanze genug, aber nicht zu viel Wasser bekommt und dass sie keinen zu kühlen Temperaturen ausgesetzt ist. Nachwuchsgärtner, die nach dem ersten Erfolg bei Garten- und Kapuzinerkresse auch beim Basilikum ein garantiert positives Ergebnis möchten, können in Gärtnereien oder im Fachhandel ein kräftiges Basilikumstöckchen erwerben und dieses in die Tasche ihrer Wahl setzen. Danach muss darauf geachtet werden, dass die Erde feucht, aber nicht matschig ist und dass die Pflanze es schön warm und sonnig hat. Allerdings sind viele der im Handel angebotenen Pflanzen auf Dauer nicht besonders widerstandsfähig – sollte also nach dem ersten oder zweiten Verlust einer Pflanze noch kein Händler mit sorgsam gezogenen Pflanzen gefunden sein, so wird man sich doch daran machen, selbst anzusäen.

Basilikum liebt sonnige Standorte.

Wenig Tiefe, aber genügend Platz und Wasser

Basilikum möchte genug Platz in der Breite des Gefäßes, braucht dafür aber nicht viel Erdtiefe. Es genügt, wenn für das Basilikum eine kleine Tasche gewählt wird. Die Erde sollte hoch, also bis knapp unter den Rand, eingefüllt, ein wenig festgedrückt und gut gegossen werden. Dann werden die Samen einzeln und im Abstand von ein bis zwei Zentimetern auf die Erde gelegt, Basilikum ist ein **Lichtkeimer**. Die Samen müssen täglich ein- bis zweimal besprüht werden, nicht gegossen. Die Samenkörner verfärben sich nach dem Kontakt mit Wasser, das ist normal. Relativ rasch keimen und wachsen die kleinen Pflanzen dann heran, eine Freude für jeden Gärtner. Und nun gilt es, die Pflanze weiterhin sorgsam zu behandeln, also vorab noch die Erde zu besprühen, anstatt sie zu gießen und ab einer Höhe von etwa drei Zentimetern etwas flüssigen Biodünger zum Gießwasser zu geben. Jetzt kann aus der Gießkanne gegossen werden, nicht zu viel und nicht zu wenig, die Erde sollte feucht, aber nicht nass sein. Die Tasche mit der Pflanze muss von Beginn an an einem warmen, sonnigen Ort stehen, optimal sind Fensterbrett und Wintergarten.

Sobald die Pflanze kräftig aussieht, kann geerntet werden. Dazu werden an einem Stängel von oben beginnend die kleinen Zweige abgezwickt, und zwar nicht mehr als ein Viertel der Größe der Pflanze. An den Stellen, an denen abgepflückt wurde, entstehen neue Triebe, jedoch nur, wenn man der Pflanze nicht zu viel von den kostbaren Blättern genommen hat. Basilikum **eignet sich nicht zum Trocknen**, es ist also besser, bei

Basilikum richtig ernten – kein Geheimnis!

Bedarf immer frisch zu ernten. Auch in der Wohnung wächst Basilikum hervorragend und kann auch den Winter über frische, duftende Blätter hervorbringen, jedoch nur, wenn nicht auf das Gießen vergessen wird! Lange Urlaubsreisen nimmt Basilikum einem meistens sehr krumm, denn ist die Pflanze einmal angetrocknet, kommt sie nicht wieder ins Wachsen. Dann gilt es, wieder Pflanzkindergärtner zu spielen und mit einer neuen Aussaat zu beginnen.

Basilikum wird in ein- und mehrjährigen Sorten angeboten, man kann auch bei einjährigen Sorten versuchen, die Vitamin- und Geschmacksquelle auch nach den ersten frostigen Nächten in der Wohnung weiter zu pflegen. Dazu sollte die Pflanze allerdings keinen Frost abbekommen,

Noch auf wackeligen Beinen: der Basilikumnachwuchs

Kräftig und robust: das selbst gesäte Basilikum aus der Tasche

Reichlich Sonne: Basilikum am Fensterbrett

Spätsommer: Das Basilikum beginnt zu blühen.

denn das nimmt sie übel. Ob das weitere Wachstum in der Wohnung gelingt, ist nicht garantiert, einen Versuch ist es aber allemal wert. Die Pflanze sollte weiterhin gedüngt werden und an einem sehr sonnigen Platz in der Wohnung stehen.

Koriander

So wie Basilikum sind auch Korianderblätter nicht zum Trocknen und Aufbewahren geeignet. Das frische Korianderkraut kommt immer mehr in Mode, die Blätter gehören zu vielen Gerichten aus der Thaiküche und verleihen auch exotischen Salaten und Suppen die perfekte geschmackliche Abrundung.

Frischer Koriander: dekorativ und gesund!

Zum Vorbereiten der Tasche gilt, die mit etwas Sand vermischte Erde locker einzufüllen, nicht festzudrücken und auch nicht nass zu gießen. Korianderpflanzen haben wesentlich längere Wurzeln als zum Beispiel Basilikum oder Kresse, die Tasche sollte also mindestens 25 Zentimeter Erdtiefe bieten. Die Erde sollte angenehm feucht sein, sodass der Gärtner, wenn er die Hand in die Erde steckt, diese nicht als nass empfindet. Die Samen werden einen Zentimeter tief und im Abstand von drei Zentimetern in die Erde gesteckt. Dann heißt es, sich in Geduld zu üben, denn die Keimdauer von Koriander beträgt in etwa zwei Wochen. In dieser Zeit wird die Erde wiederum nicht gegossen, sondern sorgfältig besprüht, sie sollte immer feucht, aber niemals nass sein.

Eine Besonderheit im Vergleich zu den bisher beschriebenen Pflanzen gibt es zu beachten: **Aus jedem Korn** wachsen **zwei Keimlinge**, einer davon muss entfernt werden. Sobald also die beiden Keimlinge sichtbar sind, wird der schwächere einfach weggezwickt. Die jungen Korianderpflanzen wollen nicht zu viel Sonne, sie bevorzugen **halbschattige Standorte**. Optimal wäre zum Beispiel ein schattiger Platz auf der Terrasse oder im Stiegenaufgang, wo es zwar hell ist, die Sonne aber nicht direkt auf die Pflanze scheint. Ist die Pflanze dem Babyalter entwachsen, will sie weniger Wasser, Staunässe muss unbedingt vermieden werden. Dies ist für den Taschengärtner eine Herausforderung, denn es gilt zu beobachten, ob sich Wasser in der Tasche anstaut. Je größer die Tasche, desto geringer ist diese Gefahr.

Die Korianderblätter werden so wie beim Basilikum von oben herab geerntet, somit wird vermieden, dass die Pflanze zu blühen beginnt und dann weniger Kraut zur Verfügung stellt. Sollte man aber Samen gewinnen wollen, so muss man zumindest bei einer Pflanze diese Blütenbildung erlauben. Sobald die gereiften Samen in den Blütenständen erkennbar

Entwicklung

*Trotz geringer Wurzeltiefe in voller Pracht:
Koriander in der Dose*

sind, wird der gesamte Blütenstand abgeschnitten und in einem Leinenbeutelchen aufgehängt, dort reift er nach und geht nicht verloren.

Koriandersamen werden in vielen Gerichten der indischen Küche verwendet, man kann also gegen Ende der Gartensaison durchaus alle Pflanzen zur Samenbildung heranwachsen lassen und die gereiften Samen nicht nur für die nächste Saison, sondern auch **zum Kochen** verwenden.

Kerbel

Ähnlich wie Koriander zeigen sich die feinen, zarten Blätter des Kerbelkrauts, das ähnlich schnell wächst, wenn ihm die optimale Umgebung geboten wird. Kerbel ist ein **Lichtkeimer**, die Samen werden also nur auf die Erde gelegt, so wie bei Kresse und Basilikum, leicht angedrückt und dann täglich besprüht, bis die kleinen Pflanzen gut verwurzelt sind. Manche Gärtner schwören darauf, auch die Kerbelsamen mit einer feinen Erdschicht zu bedecken – „doppelte Samendicke" lautet die Angabe dazu. Dies ist bei den feinen Kerbelsamen eine wirklich feine Erdschicht! Kerbelpflanzen lieben **halbschattige und schattige Standorte** und können darum an den Stellen platziert werden, die für das Basilikum zu wenig sonnig wären. Kerbel kann wie Kresse die ganze Gartensaison hindurch immer nachgesät werden, mit einer Keimdauer von maximal zehn Tagen sind schnell Erfolge sichtbar.

Das klassische Gewürzkraut Kerbel wird von Schnecken gemieden.

Schnecken meiden Kerbel

Für Gärtner mit Garten ist Kerbel ein ganz besonderes Kraut, wird er doch von Schnecken gemieden. Es empfiehlt sich also, empfindliche Salatpflanzen durch eine Umrandung von Kerbelpflänzchen zu schützen. Für den Taschengärtner ist dies kein Thema, es sei denn, die Schnecken sind extrem hungrig und finden vereinzelt den Weg auf die Terrasse, was in besonders nassen Sommern bereits beobachtet wurde.

Da Kerbel eine beliebte Wirtspflanze für einige Blattlausarten und die Möhrenfliege ist, sollte er nicht in der Nähe von Karotten oder Kohl angepflanzt werden. Entdeckt man Schädlinge dieser Art im Garten, so ist dies bei einem ansonsten gesunden Boden kein großes Problem, Kerbel wächst schnell und man kann zwischendurch auf eine Ernte verzichten, die Pflanzen entsorgen und neu ansäen. Anders gestaltet sich dies für den Taschengärtner, der ja meist keine besonders großen Ansaatflächen zur Verfügung hat. Außerdem sollte ein Schädlingsbefall auf dem Balkon schon aufgrund der meist eng aneinander gestellten verschiedenen Pflanzen sofort behandelt werden.

Kerbel ist wie Basilikum, Koriander und viele andere feinblättrige Kräuter nicht zum Trocknen geeignet, er kann aber **zum Würzen von feinen Ölen** verwendet werden. Auch das Kleinhacken und Einfrieren in Portionen ist möglich, allerdings geht dabei etwas Geschmack verloren. Kerbel kann zur Herstellung von Topfenaufstrichen genauso verwendet werden wie zum Würzen von Saucen und Suppen sowie Fleisch- und Fischgerichten.

Blühender Kerbel

INFO | Schädlinge: Blattläuse und Möhrenfliegen

Zur Bekämpfung von **Blattläusen** auf biologische Art eignet sich die Brennnesseljauche, deren Herstellung im Kapitel „Tomaten" genau beschrieben wird. Wer jedoch noch keine Brennnesseljauche angesetzt hat, kann auf einen Sud aus Brennnesseln zurückgreifen, der rascher hergestellt ist, sodass sofort ans Werk gegangen werden kann. Dazu nimmt man einen Teil Brennnesseln und übergießt diese mit zehn Teilen kochendem Wasser. Den Sud lässt man zwei Tage ziehen und besprüht danach die befallenen Pflanzen. Meist ist es notwendig, dies nicht nur einmal zu tun, sondern über mehrere Tage hinweg.

Auch ein Sud aus Holunderbeeren wird gegen Blattläuse empfohlen. Dafür zerstampft man zwei Hände voll Holunderbeeren – zum Zerstampfen kann ein Kartoffelstampfer verwendet werden – und übergießt diese mit fünf Litern kochendem Wasser. Den Sud lässt man zehn Minuten ziehen, filtert ihn dann ab, zum Beispiel durch einen Kaffeefilter, und besprüht die befallenen Pflanzen sofort nach dem Abkühlen. Das Filtern sollte einem einfachen Abgießen durch ein Sieb vorgezogen werden, da sich durch Schwebeteilchen, die durch das Sieb rutschen, die Sprühflasche verstopfen kann. Der Sud aus Holunderbeeren wird auch zur Anwendung bei Möhrenfliegen empfohlen!

Möhrenfliegen sind schwarz glänzend und etwa fünf Millimeter groß. Sie befallen vor allem Doldenblütler, zu denen sowohl Kerbelkraut als auch Karotten gehören, und schädigen an diesen sowohl die Blätter als auch die Früchte. Werden diese Schädlinge entdeckt, besteht dringender Handlungsbedarf, denn wenn sie ihre Eier erst in der Erde ablegen, schädigen die geschlüpften Larven die Karottenfrüchte, wodurch diese ungenießbar werden. Wird der Befall übersehen, ist er spätestens bei der Ernte an Fraßgängen in den Karotten erkennbar. Man sollte sowohl die Früchte als auch die Erde entsorgen, da sowohl Larven als auch Puppen der Möhrenfliege in der Erde überwintern können und dann im kommenden Jahr zu einer richtigen Plage werden. Die befallene Erde in der Tasche gehört darum auch nicht in den Biomüll oder auf den Kompost! Ein Gärtner, der in seinen Beeten Möhrenfliegenbefall festgestellt hat, kann selbstverständlich nicht die gesamte Erde austauschen. Gründliches Harken der Erde soll die Entwicklung der Larven verhindern bzw. eindämmen. Zusätzlich hilft der Anbau von Knoblauch, Porree, Schnittlauch und Zwiebeln, da diese von den Möhrenfliegen gemieden werden.

Weitere Arten von Gemüsefliegen sind die **Kohl-** und die **Zwiebelfliegen**. Kohl- und Zwiebelfliegen sehen den Stubenfliegen sehr ähnlich. Auch diese Schädlinge können mit dem Sud verschiedener Pflanzen bekämpft werden. Gegen die Kohlfliege hilft ein Sud aus Geranienblättern, gegen Zwiebelfliegen ein Sud aus Salbeiblättern. Die Menge und Zubereitung verhalten sich gleich wie bei den oben angegebenen Mitteln, man muss also jeweils zwei Handvoll Blätter mit fünf Litern kochendem Wasser übergießen, zehn Minuten ziehen lassen, abseihen und nach dem Auskühlen zum Besprühen der Pflanzen verwenden. Gegen Zwiebelfliegen wird auch Wermuttee empfohlen, dazu nimmt man einfach ein bis zwei Zweiglein frischen Wermut, übergießt diese mit einem Liter heißem Wasser, lässt den Tee ziehen, bis er erkaltet ist, und geht dann gleich vor wie mit den anderen beschriebenen Absuden.

Wer auf Nummer sicher gehen will, kann seine Pflanzen mit entsprechenden Vliesen, die über die Erde gelegt werden, schützen, doch es gilt hier anzumerken, dass die Gefahr des Befalls mit Gemüsefliegen für den Taschengärtner relativ gering ist. Diese Fliegen gehören zu den tief fliegenden Schädlingen und bewegen sich nicht weit über dem Boden. Somit werden sie selten auf Balkone oder in Taschen gelangen. Leider kann gegen das Einschleppen diverser Schädlinge mit der Erde nichts unternommen werden, allerdings wurde während der Recherche für dieses Buch kein einziges Mal ein Befall mit Gemüsefliegen festgestellt. Gegen das Einschleppen der Gemüsefliegen mit der Erde kann man sich schützen, indem man **qualitativ hochwertige Erde** und keine Billigerde kauft und sich gegebenenfalls im Fachhandel kundig macht, welche Erde angeboten wird, woher sie kommt und wie man sich bei der Herstellung und Verpackung gegen Schädlinge dieser Art schützt.

Eine sehr übersichtliche Auflistung mit natürlichen Mitteln gegen Schädlinge findet sich auf der Seite *http://www.garten-bio.de/Behandlungen.htm* oder in dem Buch „Schädlinge in Haus und Garten" von Hubert Untersteiner.

Salbei

Da Salbei nicht nur ein herrliches Würz- und Heilkraut ist, sondern auch in der Schädlingsbekämpfung eingesetzt werden kann, soll er hier Erwähnung finden. Salbei ist ein **mehrjähriges Kraut**, dessen Stamm nach einigen Jahren verholzt und zu einem richtigen kleinen Bäumchen werden kann. Die Pflanze sollte einmal jährlich umgetopft werden, um mehr Platz und frische Erde zu bekommen. Beim Umtopfen kann man die Gelegenheit auch nutzen und den Wurzelstock teilen, denn das ist eine der Möglichkeiten, Salbei zu vermehren. Salbei ist aufgrund seiner Mehrjährigkeit nicht unbedingt ein Klassiker für den Taschengarten, nachdem er aber ohnehin einmal pro Jahr umgesetzt werden sollte, kann man immer wieder neue Taschen nach Wahl verwenden.

Selbstverständlich kann Salbei auch selbst angesät werden. Salbei ist ein **Lichtkeimer** und liebt **lockere, magere Böden**. Es empfiehlt sich also, eine kleine Tasche mit einem Erde-Sand-Gemisch zu befüllen, die Erde etwas anzudrücken und sodann die Samen auf die Oberfläche zu legen und ein wenig festzudrücken. Wie bei allen Lichtkeimern vorerst mit einem Sprüher wässern und nicht gießen, weil die Samen sonst an den Rand der Tasche geschwemmt werden können. Die Ansaat kann bereits Ende Februar in der Wohnung passieren, die Keimdauer kann

Junge Salbeipflanze in der Einkaufstasche

Ausgewachsener Salbei

bis zu drei Wochen betragen, spätestens dann sollten die ersten kleinen Pflanzen zu sehen sein. Salbei liebt warmes Wetter und **viel Sonne**, muss aber nicht viel gegossen werden, der Boden darf halbtrocken sein. In Bezug auf die Taschengärtnerei bedeutet dies einen sehr sorgsamen Umgang beim Gießen, da das Wasser auf keinen Fall in der Tasche stauen sollte.

Die frischen Salbeiblätter sollen vor der Blüte geerntet werden und können zum Würzen mediterraner Speisen verwendet werden. Auch **zum Trocknen** eignet sich das Heilkraut optimal, man kann sowohl einzelne Blätter auf Zeitungspapier oder Küchenrolle zum Trocknen auflegen als auch kleine Sträußchen binden und diese zum Trocknen aufhängen. Im klassischen Erkältungstee sollte Salbei keinesfalls fehlen, da er antibakteriell und entzündungshemmend wirkt. Gegen Zahnfleischentzündung und Zahnschmerzen kann man ein Salbeiblatt kauen, entweder frisch oder getrocknet, das wird die Beschwerden lindern.

Nachdem Salbei mehrjährig ist, kann er überwintert werden. Die Pflanze wird nach der Blüte um etwa ein Drittel zurückgeschnitten, ohne dabei die verholzten Teile zu verletzen. Dann sollte die Pflanze vor dem Winter nicht mehr geschnitten werden. In sehr milden Lagen ohne strenge Nachtfröste darf die Salbeipflanze draußen überwintern, allerdings sollte die Pflanze mit Laub oder Holzspänen zugedeckt werden. Zur genauen Versorgung von Töpfen und Taschen, die den Winter auf dem Balkon oder der Terrasse verbringen sollen, finden sich Tipps im Kapitel „Herbst".

Thymian

Auch Thymian ist eine mehrjährige Würz- und Heilpflanze. Nachdem Thymian eine **strauchartige Pflanze mit festen Pfahlwurzeln** wird, sollte bei der Wahl der Tasche darauf geachtet werden, dass genügend Erdtiefe zur Verfügung steht und eine Tasche aus robustem, wenn möglich wetterfestem Material verwendet wird. Eine alte Badetasche eignet sich zum Beispiel hervorragend für mehrjährige Kräuter, denn sie bietet genügend Platz für das Pflanzenwachstum und ist auch einigermaßen wetterbeständig.

Thymian bietet intensiven Geschmack, der würzt und heilt.

Aussaat und Vereinzeln
Das Selbstansäen von Thymian ist relativ einfach, man verwendet dazu magere Anzuchterde, legt die Samen auf die etwas festgedrückte, gut befeuchtete Erde und besprüht die Samen täglich. Da die Thymianpflänzchen vereinzelt werden sollten, kann dieses Vorziehen in einem beliebigen

Gefäß, einem Topf oder einer kleinen Tasche geschehen. Die Erde sollte immer feucht, aber nicht nass sein. Nach etwa drei Wochen keimen die Thymiansamen, wollen viel Licht und möchten bald nach draußen in die Sonne. Wenn die kleinen Pflanzen zehn Zentimeter groß sind, sollten sie auseinandergesetzt werden, entweder in eine große Transporttasche im Abstand von jeweils 25 Zentimetern oder jede Pflanze extra in eine kleinere Tasche. Ab Mai können die Taschen dann nach draußen auf den Balkon, sollten die Nachtfröste schon vorbei sein, darf es auch früher sein. Thymian ist eine Pflanze, die aus dem Mittelmeerraum stammt und das dort vorherrschende Klima bevorzugt – **viel Sonne** und **trockener bis halbtrockner Boden** machen dem Thymianpflänzchen also Freude, wobei der Boden aber nie gänzlich austrocknen sollte.

Thymian kann laufend geerntet werden, dazu schneidet man beliebig viele Triebe von der Pflanze und rebelt die Blätter ab. So lassen sich Brotaufstriche herrlich würzen oder mediterrane Speisen verfeinern. Möchte man Thymian zum Trocknen ernten, so schneidet man vor der Blüte die Triebe in einer Höhe von etwa zehn Zentimetern ab, bindet kleine Sträußchen und hängt diese zum Trocknen auf. Im ersten Jahr sind die Pflanzen meist noch recht zart und empfindlich, weshalb die Ernte sorgsam erfolgen sollte. **Ab dem zweiten Jahr** bringt Thymian aber in der Regel einen guten Ertrag und ist relativ **robust**. Ist die Thymianpflanze erst einmal durch die erste Gartensaison gekommen und gut verwurzelt, sind die meisten Thymiansorten **sogar winterhart**. In Gegenden mit sehr strengen Nachtfrösten empfiehlt es sich aber, die Pflanze abzudecken. Auf Balkon und Terrasse kann das mit einem Pflanzvlies geschehen. Der Taschengärtner muss sich immer vor Augen halten, dass auf den zu überwinternden Pflanzen auf Balkon und Terrasse die schützende Schneedecke fehlt, die die Pflanzen in der Natur bekommen. Diese Schneedecke hält die schlimmsten Fröste ab und liefert zusätzlich auch Wasser. Fehlt sie, muss gegen den Frost geschützt werden und auch im Winter ab und an gegossen werden, vorzugsweise natürlich an frostfreien Tagen. Die meisten Pflanzen, die nach dem Überwintern nicht mehr wachsen, sind nämlich nicht erfroren, sondern verdurstet!

Thymian

Schnittlauch

Garantiert winterhart hingegen ist der Schnittlauch, eine der beliebtesten und pflegeleichtesten Gewürzpflanzen. Da Schnittlauch sehr genügsam und zugleich robust ist, überleben meist auch die gekauften Pflanzen aus dem Supermarkt, was bei vielen empfindlicheren Pflanzen, die zu schnell „hochgezogen" worden sind, oft nicht der Fall ist. Doch auch bei dieser Pflanze gilt, dass man die Jungpflanzen wohl besser biologisch gezogen

Schnittlauch: genügsam, pflegeleicht und extrem gesund!

Schnittlauchblüten –
nicht nur gesund,
sondern auch dekorativ

kaufen sollte. Für das kleine Schnittlauchstöckchen wird eine robuste Tasche nach Wahl gewählt, die mehrere Saisonen überstehen kann, man füllt sie mit nährstoffreicher Erde und setzt die Pflanze hinein. Vor dem Gießen die Erde etwas festdrücken.

Schnittlauch selbst nachziehen

Wer auch Schnittlauch selbst ziehen möchte, muss einige Dinge beachten. Schnittlauch ist ein **Kaltkeimer**, nachdem die Samen also auf die festgedrückte, gut befeuchtete Erde gestreut und mit einem Zentimeter Erde bedeckt worden sind, darf die Tasche auch im Frühling sofort nach draußen gestellt werden. Temperaturen zwischen ein und zehn Grad wären für die Keimzeit optimal. Wer als frisch gebackener Gärtner jedoch nur ein Fensterbrett in der Wohnung zur Verfügung hat, muss dennoch nicht auf den selbst gesäten Schnittlauch verzichten, er wird auch bei höheren Temperaturen keimen. Dies kann allerdings bis zu zwei Wochen dauern, es ist also etwas Geduld vonnöten. Schnittlauch kann optimal überwintert werden, sollte er draußen stehen, muss er nicht in die Wohnung gebracht werden, obwohl man dies durchaus tun kann. Wie bei allen anderen Pflanzen, die draußen überwintert werden sollen, gilt es, einige Vorkehrungen zu treffen, was im Kapitel „Herbst" genau erklärt wird.

Schnittlauch kann nicht nur durch die Samen, sondern auch durch **Teilung des Wurzelstockes** vermehrt werden. Diese Teilung sollte alle drei Jahre vorgenommen werden, da sich sonst immer mehr vertrocknete Halme am Wurzelstock sammeln und die Pflanze somit nicht mehr richtig wachsen kann. Außerdem wird der Platz in der Tasche für die schnell wachsende Schnittlauchpflanze mit der Zeit zu eng. Für den Taschengärtner ist dies auch der richtige Rhythmus, die Taschen wieder einmal auszutauschen, denn spätestens nach drei Saisonen wird auch die robusteste Tasche einigermaßen in Mitleidenschaft gezogen worden sein. Zum Teilen der Pflanze wird diese aus der Tasche gehoben und der Wurzelstock mit einem scharfen Messer geteilt. Bei dieser Gelegenheit können auch vertrocknete Pflanzenteile gut entfernt und frische Erde in die Tasche gegeben werden. Die Pflanze wird es danken!

Petersilie

Petersilie ist ebenfalls ein beliebtes Küchenkraut, jedoch bei Weitem nicht so pflegeleicht wie Schnittlauch. Die Pflanze ist extrem **empfindlich gegenüber Staunässe**, besonders für den Taschengärtner gilt es also, mit dem Gießen sorgsam umzugehen.

Petersilie selbst nachziehen

Wer Petersilie selbst ziehen möchte, sollte etwas Geduld mitbringen. Die Samen werden in ein Gefäß mit feuchter Erde gegeben, mit nicht mehr als einem Zentimeter Erde bedeckt und täglich besprüht, damit die Erde nicht austrocknet. Petersilie kann zum Keimen bis zu vier Wochen benötigen! Was das Vereinzeln der jungen Pflanzen angeht, so scheiden sich die Geister. Manche Gärtner schwören darauf, Petersilie in magere Anzuchterde zu säen und die kleinen Pflanzen dann ab einer Höhe von fünf Zentimetern einzeln in nährstoffreichere Erde zu setzen, andere wiederum sind der Meinung, dass Petersilie Standortwechsel verabscheut und darum nicht vereinzelt werden sollte. Für den Taschengärtner, der hoch motiviert ins neue Gartenjahr geht und sicherlich viel experimentieren wird, empfiehlt es sich, schon für die Ansaat eine passende Tasche zu finden, diese sollte mindestens 30 Zentimeter hoch sein, da Petersilie starke Wurzeln entwickelt, und die Pflanze in dieser Tasche zu belassen. Damit dies gelingt, muss das Saatgut „dünn" gesät werden, also nicht wie bei Kresse deckend, sondern mit Platz zwischen den einzelnen Samenkörnern. Petersilie liebt eine Keimtemperatur um die 20 Grad, wird also bei späten Nachsaaten im August schneller keimen, als bei den frühen Saaten im Frühling. Die Pflanze liebt **halbschattige bis schattige Standorte** und sollte keinesfalls in der prallen Sonne stehen.

Petersilie ist ein gesundes Würzkraut mit Heilkräften.

Das Kraut der Petersilie kann ab einer Höhe von etwa zehn Zentimetern geerntet und zum Würzen verwendet werden. Petersilie ist, wie viele Küchenkräuter, nicht nur ein Würz-, sondern auch ein Heilkraut, dem eine krampf- und schleimlösende Wirkung nachgesagt wird. Ein Tee aus frischer Petersilie wirkt bei Schnupfen wie auch Menstruationsbeschwerden! Bei Problemen mit dem Herzen oder den Nieren sollte Petersilientee allerdings nur nach Absprache mit dem Arzt konsumiert werden.

Petersilie ist eine **zweijährige Pflanze**. Das bedeutet, dass im ersten Jahr nur das Kraut wächst, nach dem Winter dann die Blüten, aus denen die Samen entstehen. Wenn man selbst Samen gewinnen möchte, sollte man die Petersilienpflanze über den Winter an einem geschützten Ort draußen lassen und im Frühling dann „auswachsen" lassen, also nicht mehr kürzen. Wenn die Pflanze vor dem Frost ins Haus gebracht wird und sich ein Plätzchen auf dem Fensterbrett findet, wird man noch längere Zeit frische Petersilie ernten können, denn dann ist für die Pflanze der Winter noch nicht angebrochen.

INFO | Staunässe

Staunässe kann entstehen, wenn sich in einem Pflanzgefäß kein Abfluss befindet und das Wasser sich somit am Grund des Gefäßes sammeln kann. Für den Taschengärtner ist Staunässe also ein Thema, vor allem, wenn die Pflanzen auf Balkon und Terrasse dem Regen ausgesetzt sind. Kaum eine heimische Pflanze steht gern im Wasser, doch es gibt Pflanzen, die darauf extrem empfindlich reagieren. Dies ist bei den Angaben zu den einzelnen Pflanzen erwähnt. **Was kann nun gegen Staunässe unternommen werden?**

- **Vorsichtig gießen.** Die Taschen nicht in ein Wasserbad verwandeln, sondern immer wieder mit der Hand überprüfen, wie sich die Erde in 20 Zentimetern Tiefe anfühlt – ist sie feucht, nass, matschig? Diese Prüfung muss nicht täglich stattfinden, aber einmal pro Woche ist ratsam.

- Wenn in der Tasche genug Platz um die Pflanzen herum ist, kann mit einem kleinen Gartenwerkzeug vorsichtig **umgegraben** werden und somit mehr Luft ins Erdreich gelangen.

- **Vorbeugende Maßnahmen** gegen Staunässe sind das Verwenden nicht torfhaltiger Gartenerde und das Mischen von etwas Sand in die Erde.

- Im Testdurchlauf versucht wurde auch das Befüllen des Taschengrundes mit einer Schicht aus zwei bis fünf Zentimetern Sand, in die das **überschüssige Wasser ablaufen** kann. Da bei den Testläufen zu diesem Buch jedoch umsichtig gegossen wurde, haben sich keine Unterschiede zu den Taschen ohne Sandgrund gezeigt. Bei dieser Methode ist auch zu bedenken, dass Sand sehr schwer ist, es muss also überprüft werden, ob eine Tasche dem Gewicht des Sandes standhält.

- Das **Beifügen von Tonscherben** in die tiefer liegende Erde hilft gegen Staunässe, hat sich aber nur bei großen Taschen als sinnvoll erwiesen.

- Pflanzen, die als extrem empfindlich gegen Staunässe gelten, nicht im Regen stehen lassen, sondern von vornherein einen **geschützten Platz** wählen.

Nur für unempfindlichen Untergrund geeignet: Textile Taschen ohne Plastikinlay lassen das Wasser ablaufen.

Liebstöckel – ein beliebtes Würzkraut

Liebstöckel

Die Würzpflanze Liebstöckel sollte in keinem kleinen Garten fehlen – so man den Geschmack der intensiv duftenden und schmeckenden Blätter liebt. Liebstöckel wird umgangssprachlich auch Maggikraut genannt, und zwar nicht, weil in der Fertig-Suppenwürze Liebstöckel enthalten wäre, sondern weil der Geschmack der Suppenwürze sehr stark an den des Liebstöckels erinnert. Seit wann der Begriff „Maggikraut" für Liebstöckel verwendet wird, lässt sich nicht eindeutig klären, doch wird es nicht vor 1886, dem Jahr, in dem die Maggi-Würze auf den Markt kam, gewesen sein.

Eine einzelne Pflanze reicht aus

Liebstöckel ist **winterhart** und wächst extrem gut, im Beet kann das Kraut fast mannshoch werden! In der Tasche kultiviert kann dieses extreme Wachstum etwas kontrolliert werden, darin wird die Pflanze nicht so hoch. Da Liebstöckel sehr intensiv schmeckt, genügt zum Würzen immer eine kleine Menge und eine einzelne Pflanze auf dem Balkon reicht für einen Haushalt völlig aus. Daran sollte man denken, wenn man die Pflanze selbst ziehen möchte. Einige wenige Samen in der Tasche genügen! Diese werden angedrückt und leicht mit Erde bedeckt, da es aber beim Liebstöckel, wie bei vielen anderen Kräutersorten auch, verschiedenste Sorten gibt, sollte man auf jeden Fall auf der Samenpackung kontrollieren, welche Bedingungen genau diese Sorte benötigt.

Wichtig ist, dass Liebstöckel mit keiner kleinen Tasche auskommen wird, eine Badetasche oder Transporttasche ist für diese groß wachsende Pflanze optimal. Da Liebstöckel ein **Starkzehrer** ist, darf die Erde in der Tasche reichhaltig sein und sollte, wenn die Pflanze sich zu einem kräftigen Stock entwickelt hat, auch öfter einmal gedüngt werden. Für die Tasche empfiehlt sich ein Flüssigdünger, wie zum Beispiel die selbst hergestellte Brennnesseljauche.

Liebstöckel kann auch durch die Teilung des Wurzelstockes, wie beim Schnittlauch beschrieben, geteilt werden. Wer vorhat, sein Liebstöckel zu teilen, kann bei dieser Gelegenheit auch die Tasche wechseln und neue Erde verwenden, die Pflanze wird es danken. Zum Überwintern werden die verbliebenen Blätter abgeschnitten, diese können getrocknet werden, und die Pflanze selbst wird mit schützender Holzwolle bedeckt. Eine genaue Anleitung zum Überwintern mehrjähriger Pflanzen findet sich im Kapitel „Herbst".

INFO | **Lichtkeimer – Dunkelkeimer**

Pflanzen passen sich im Lauf der Evolution ihren Lebensräumen an. So kommt es zu Unterschieden hinsichtlich der optimalen Keimbedingungen. Zwar ist es so, dass manche Lichtkeimer auch wachsen, wenn sie ein wenig mit Erde bedeckt sind, oder manche Dunkelkeimer auch Pflanzen hervorbringen, wenn die Samen einfach auf der Erde liegen, doch im eigenen Garten möchte man den Pflanzen die optimalen Bedingungen liefern. Die meisten Pflanzen sind zwar Überlebenskünstler, sie brauchen jedoch unter nicht optimalen Bedingungen einfach viel länger zum Keimen oder nur wenige Samen keimen. Zu den **Lichtkeimern** gehören Kräuter wie Basilikum, Gartenkresse, Dill, Kamille, Kerbel, Majoran oder Thymian. Auch Kopfsalat ist ein Lichtkeimer. Zu den **Dunkelkeimern** gehören Koriander, Schnittlauch, Petersilie und Liebstöckel, Gurke, Kürbis, Tomate oder Chili.

Als Faustregel für die Unterscheidung gilt: große Samenkörner sind meistens Dunkelkeimer, feine Samenkörner üblicherweise Lichtkeimer. Im Normalfall findet sich die genaue Angabe auf der Samenpackung, sollte man aber Samen in selbst beschrifteten Tüten geschenkt bekommen haben und keine Möglichkeit mehr haben, nachzufragen, so muss man die Fachliteratur bemühen. Wenn man dort nicht fündig wird, bleibt natürlich die Möglichkeit, zu experimentieren, also etliche Samen auf die Erde zu legen und andere in die Erde zu geben.

Dill

Der einjährige Dill eignet sich hervorragend für die Anzucht und Pflege in einer Tasche. Dill ist ein **Tiefwurzler** und braucht darum eine tiefe Tasche, mindestens 30 Zentimeter sind empfehlenswert. Das Selbstansäen von Dill ist unkompliziert, die Samen werden einfach auf die festgedrückte, gut befeuchtete Erde gesät, mit einer feinen Erdschicht bedeckt und immer schön feucht gehalten. Solange die Samen noch nicht gekeimt haben oder die Keimlinge noch nicht gut verwurzelt sind, sollte auch beim Dill eine Sprühflasche der Gießkanne vorgezogen werden. Dill, auch Gurkenkraut genannt, ist **kälteempfindlich**, sollte also erst nach den Eisheiligen angesät werden. Die Pflanze liebt es **feucht** und **sonnig**, muss pfleglich gegossen werden und braucht dafür keinen Dünger.

Dill: das schmackhafte Kraut mit den zarten Blättern

Da Dill eine einjährige Pflanze ist, ist es nicht nötig, sich auch um die Winterpflege zu kümmern. Wer einige Pflanzen auswachsen lässt, bis sie blühen, kann für die kommende Saison auch selbst Dillsamen ernten. Die Dillsamen können auch zum Kochen verwendet werden!

*Rosmarin in einer textilen
Tasche mit Dekoband*

Rosmarin

Rosmarin ist eine **mehrjährige Gewürzpflanze**. Das kräftige Aroma der Pflanze wird vor allem in der mediterranen Küche geschätzt. Rosmarin liebt sandigen Boden und viel Sonne – in den Gebieten am Mittelmeer wächst sie wild zu kleinen Sträuchern heran, die die milden Winter in diesen Gegenden gut überstehen. Bis die Pflanze im Topf oder in der Tasche verholzt und so kräftig ist wie in „freier Wildbahn", dauert es ein Weilchen.

Nach der Aussaat ist Geduld erforderlich

Da Rosmarin ein **Lichtkeimer** und mehrjährig ist, empfiehlt sich zur Ansaat eine mittelgroße, robuste Tasche, die mehr als eine Saison überstehen wird. Papiertaschen sind deshalb eher ungeeignet. Die Erde, in der die Rosmarinsamen keimen sollen, wird mit feinem Sand vermischt, etwa im Verhältnis 50 : 50, gegossen und leicht festgedrückt. Dann werden die Samen mit gutem Abstand auf die Erde gesät und leicht festgedrückt. Zwischen den Pflanzen sollen, wenn sie groß sind, 30 Zentimeter Abstand sein. Da nicht alle Samen aufgehen, kann etwas dichter gesät werden. Bis die kleinen Pflänzchen gewurzelt haben, sollte nicht gegossen, sondern gesprüht werden, da die Samen sonst leicht weggewaschen werden. Die Keimdauer beträgt drei bis fünf Wochen, es ist also etwas Geduld erforderlich. Die Aussaat kann im März in der Wohnung erfolgen, die Temperatur sollte zwischen 20 und 22 Grad liegen.

Nach den Nachtfrösten darf die Tasche mit den kleinen Rosmarinpflanzen nach draußen. Die jungen Pflanzen werden einmal mit Brennnesseljauche gedüngt, den Rest der Saison müssen sie nicht mehr gedüngt werden. Sie möchten **viel Sonne** und **genügend Wasser**, verzeihen allerdings auch trockene Tage. Bis zum Herbst wird der Rosmarin zu robusten kleinen Pflänzchen herangewachsen sein. An den Stellen, an denen man die Pflanze abzwickt, um das frische Kraut zu verwenden, verzweigt sich die Pflanze und wird dichter. Wird zu wenig oft abgeschnitten, verholzt die Pflanze sehr stark, es darf also guten Gewissens geerntet werden.

Rosmarin ist grundsätzlich nicht winterhart, doch mittlerweile gibt es unzählige Sorten, von denen einige etwas robuster sind als andere. Wenn man sich nicht sicher ist, wie viel die Pflanze aushält, sollte man die Tasche mit dem Rosmarin vor den ersten Nachtfrösten nach drinnen bringen und an einem kühlen, dunklen Ort überwintern. Nicht jeder Taschengärtner hat so einen Platz zur Verfügung – in diesem Fall ist es ratsam, auf eine unempfindliche Sorte zu setzen und diese Tasche vor dem Winter mit Vlies und anderen Maßnahmen zu schützen, wie im Kapitel „Herbst" beschrieben.

Rosmarin ist ein wunderbares Würzkraut für Tomatensugo, mediterrane Fleischgerichte und natürlich für die wunderbaren Kartoffeln aus dem Backrohr. Dazu wäscht und viertelt man die Kartoffeln aus eigener Ernte, legt sie auf ein Backblech, gibt einige Zweige frischen Rosmarin dazu und bestreicht alles mit Olivenöl. Die Kartoffeln werden im Backrohr bei 250 Grad knusprig braun gebraten und während des Garvorganges mehrmals vorsichtig gewendet. Der Rosmaringeschmack passt hervorragend zu den Kartoffeln!

Oregano

Auch Oregano ist eines der mediterranen Kräuter, das Einzug in unsere Küche gefunden hat. Oregano ist mit dem Gewürzkraut Majoran verwandt, nicht umsonst wird er auch als „Wilder Majoran" bezeichnet. Oregano ist ebenfalls ein **Lichtkeimer** und gedeiht am besten bei 16 bis 20 Grad. Die Keimdauer ist etwas kürzer als die des Rosmarins, zwei bis drei Wochen nach der Saat sind die ersten Pflänzchen zu erkennen. Wie beim Ansäen von Rosmarin wird Oregano in eine mittelgroße Tasche gesät, auf feuchter, festgedrückter Erde, und bis zum Anwurzeln der Pflänzchen mit einem Sprüher mit Wasser versorgt. Ab Mai darf die Tasche mit dem Oregano dann hinaus ins Freie und wird dort nicht mehr viel Zuneigung brauchen – Oregano ist äußerst **pflegeleicht** und braucht nur zu Beginn der Wachstumsphase etwas Brennnesseljauche. Auch das Gießen darf sparsam ausfallen. Oregano kann den ganzen Sommer über geerntet werden und wird in der Blütezeit von Juli bis August zu einer wichtigen Nährstoffquelle für Bienen und andere Insekten.

Oregano liebt, wie alle mediterranen Pflanzen, die Sonne und sollte einen **Platz an der Sonne** bekommen, um prächtig gedeihen zu können. Die Blätter und Blüten können bei beginnender Blüte geerntet werden. Oregano ist nicht nur als Würzkraut bekannt, sondern auch als Heilpflanze, ihm wird eine desinfizierende und verdauungsfördernde Wirkung nachgesagt.

Oregano kann, so wie Rosmarin, überwintert werden, entweder in einem kühlen, dunklen Raum oder geschützt durch Pflanzvliese und andere Überwinterungshilfen, wie im Kapitel „Herbst" beschrieben.

Oregano – immer frisch aus der Tasche

Salate

Salat gedeiht prächtig in der Tasche, wenn einige Kleinigkeiten beachtet werden. Auch das Selbstansäen von Salat gelingt meistens, allerdings gilt es hier besonders, sich an die Jahreszeiten zu halten. Während die meisten Kräuter auch während des Winters gut keimen und wachsen und somit eine hervorragende Vitaminreserve für die kalte Jahreszeit bieten, ist Salat in dieser Hinsicht etwas empfindlicher. Die jungen Pflänzchen brauchen **sehr viel Licht** und dieses Licht ist im Winter nicht ausreichend vorhanden, es sei denn, man lebt in einer Wohnung mit durchgehenden Glasflächen, die zu jeder Jahreszeit reichlich Tageslicht zulassen. Hinzu kommt nun aber, dass Salat es nicht gerne warm mag, Salat ist nun einmal keine tropische Pflanze. Am wohlsten fühlen sich die kleinen Salatpflanzen bei **15 bis 18 Grad** – eine Wohnraumtemperatur, die sich für uns Menschen eher frostig anfühlt. Diese Temperatur sollte aber auch nicht um ein Vielfaches unterschritten werden, es wird den Pflänzchen also auch nicht guttun, wenn man sie nach draußen bringt, wo es in der Nacht Temperaturen um den Gefrierpunkt oder gar darunter hat.

Dass die Pflanzen zu wenig Licht bekommen, erkennt der Gärtner daran, dass sie, sobald sie aus der Erde kommen, enorm in die Höhe wachsen und dann umkippen – ein eindeutiges Zeichen für Lichtmangel. Auch das Verwenden von Erde mit zu vielen Nährstoffen kann zum Umkippen führen, das Beste in diesem Fall ist, für die Aussaat auch wirklich karge Aussaaterde zu verwenden. Um den Pflanzen dann eine möglichst gute Kinderstube zu ermöglichen, müssen sie, sobald sie die ersten Laubblätter zeigen, pikiert, also auseinandergesetzt werden, damit sie genug Platz haben. An das Leben draußen sollten sie langsam gewöhnt werden, die Nacht sollten sie folglich zunächst in der Wohnung verbringen. Diese vielen Aufgaben sind für einen Gartenneuling zwar machbar, doch es ist speziell für das Erfolgserlebnis bei Salat in der ersten Gartensaison besser, die Pflänzchen zu kaufen. Im Laufe dieses ersten Gartenjahres kann man sich Notizen machen, wo man im kommenden Jahr die Keimlinge unterbringen kann, wo die Salatpflänzchen am meisten Licht bekommen und vor allem wie viel man selbst ansäen möchte, denn dies ist neben allen anderen Kenntnissen auch eine Platzfrage.

Wer das Ansäen trotzdem in der Wohnung versuchen möchte, sollte warten, bis die Heizsaison vorbei ist, und die jungen Pflanzen dann unbedingt auf ein Fensterbrett stellen, am besten auf eines, bei dem das Fenster tagsüber offen bleiben kann. Vor allem für Gartenanfänger empfehlen sich in Pflanzbänder eingearbeitete Samen, da sich diese

Salate sind perfekt für die Tasche geeignet und das ganze Jahr über zu ernten.

Salat auf Pflanzband

bereits im richtigen Abstand zueinander befinden, wodurch das Pikieren wegfällt. Diese Pflanzbänder sind für die großen Transporttaschen ideal.

INFO | Wie funktioniert das Pikieren?

Wenn die kleinen Pflanzen die ersten Laubblätter zeigen – das sind nicht die winzigen allererersten Blätter, die man Keimblätter nennt, sondern die, die über den Keimblättern kommen – müssen sie pikiert werden, weil sie Platz zum Wachsen benötigen. Dazu zieht man die winzigen Pflanzen samt der Wurzel aus dem Saatgefäß und pflanzt sie in ein größeres Gefäß, in unserem Fall also bereits in die Tasche, in der die Pflanze bis zur Ernte gedeihen soll. Nach dem Pikieren sollen die Pflanzen wieder an einen hellen und kühlen Standort gebracht werden, spätestens jetzt also sollte die Tasche tagsüber bereits im Freien stehen können.

Welche Sorten eignen sich besonders für die Tasche?

Besonders **Pflücksalate** gedeihen auf Terrasse und Balkon gut und sind somit auch für den Taschengärtner die richtige Wahl. Auch Rucola und Kapuzinerkresse als Salatbeigaben wachsen hervorragend und verlangen kein Pikieren, was einen klaren Pluspunkt darstellt! Ob Radicchio, Eichblatt oder Lollo Rosso, Mangold oder Löwenzahn, ausprobiert werden kann so ziemlich alles. Das Wichtigste für den Nachwuchsgärtner ist, eigene Erfahrungen zu machen. Oftmals entwickelt man durch Zufall einen Kniff, wie etwas besonders gut wächst, das bei anderen Gärtnern einfach nicht will, oder man stellt fest, dass der gewählte Platz eben für eine bestimmte Pflanze so gar nicht funktioniert.

Egal, wie viel Tipps man von anderen Gartenliebhabern oder Experten bekommt, das eigene Wissen wird von Jahr zu Jahr mehr und ist das beste Fundament für den kleinen Taschengarten. Auf jeden Fall sollten Erfahrungen notiert werden, um für das kommende Jahr festzuhalten, was wirklich gar nicht oder eben besonders gut funktioniert.

Winterportulak

Eine ganz besondere Salatsorte soll hier noch eigens erwähnt werden, da sie neben den Kräutern eine der wenigen Pflanzen ist, die der tüchtige Taschengärtner auch im Winter ziehen kann: Winterportulak. Diese auch „Kuba-Spinat" genannte Salatsorte ist winterhart und keimt erst unter zwölf Grad, kann also, nachdem alles andere geerntet ist, ab Oktober direkt in die Taschen auf Balkon und Terrasse gesät werden. Winterportulak bevorzugt **halbschattige bis schattige Standorte** und ist ein sogenannter **Schwachzehrer**, will also keine gut gedüngten Böden. Außerdem muss der Salat, wenn er nicht zu dicht ausgesät wird, auch nicht vereinzelt werden, weshalb er genau das Richtige zum Nachsäen in eine

Tasche ist, die gerade abgeerntet wurde. Die Erde muss einfach ein wenig aufgelockert werden, dann wird der Salat in Reihen mit 15 Zentimetern Abstand gesät und mit etwa einem Zentimeter Erde bedeckt. Bei Temperaturen zwischen acht und zwölf Grad keimt Winterportulak innerhalb von drei Wochen und kann nach sechs bis acht Wochen geerntet werden. Die Pflanzen halten auch Fröste von bis zu minus zehn Grad aus, sollten die Temperaturen darunter sinken, können die Taschen mit einem Vlies abgedeckt werden.

Geerntet wird Portulak wie Pflücksalat: Man nimmt die äußeren Blätter und lässt das Salatherz immer stehen, auf diese Weise hat man immer frischen Salat, den ganzen Winter hindurch. Die feinen Blätter können aber auch wie Spinat zubereitet werden!

Eichblattsalat

INFO Was tun, wenn Pilze aus der Tasche wachsen?

Pilzwuchs aus der Tasche ist ein eindeutiges Zeichen dafür, dass die **Erde viel zu feucht** ist und manchmal auch, dass die Erde von minderer Qualität ist. Pilzsporen befinden sich oft bereits in der gekauften Erde, nur durch Feuchtigkeit allein werden die Pilze nicht plötzlich auftauchen. Im Falle, dass Pilze zwischen den jungen Pflanzen zu wachsen beginnen, sollten diese entfernt und eine Notiz im Pflanztagebuch vermerkt werden, welche Sorte Erde befallen war. So herrlich die Tatsache ist, dass es mittlerweile sehr günstige Blumenerde sogar beim Diskonter gibt, so muss sich der Gärtner immer auch im Klaren sein, dass billigst hergestellte Blumenerde oft nicht die Qualität liefern kann, die man sich erhofft.

Pilze in der Tasche stören das Wachstum der Pflanzen an sich nicht, sie sind aber ein gutes Anzeichen dafür, dass es unter Umständen zu feucht in der Tasche ist. Entfernt man die Pilze sofort und achtet dann auf die richtige Feuchtigkeit im Pflanzgefäß, kommen sie meist nicht wieder. Die Erde umzugraben, so dies in der Tasche möglich ist, kann eine gute Unterstützung sein. Sollte der Pilzwuchs anhalten, was bei den Versuchen zu diesem Buch nie der Fall war, dann sollte diese Erde nicht aufgehoben, sondern nach der Saison entsorgt werden.

Düngen für den Hobbygärtner

Vor allem für Biogärtner ist es immer wieder ein Thema: Wie dünge ich richtig? Die meisten Kleingärten gelten als überdüngt, weil ihre Besitzer es zu gut meinen – und was für den klassischen Kleingärtner gilt, sollte auch der Taschengärtner bedenken! Verschiedene Pflanzen wollen verschiedene und somit auch unterschiedlich gedüngte Böden. In einem sehr begrenzten Bodenklima, wie es in einem Topf oder einer Tasche vorherrscht, gilt es also besonders achtsam vorzugehen, wenn es um die Nährstoffe, die die jeweilige Pflanze braucht, geht. **Stickstoff**, **Phosphor** und **Kalium**, das sind die Zauberworte der optimalen Bodenaufbereitung, doch es sollte auf keinen Fall zu viel des Guten sein. Alle drei Bestandteile sind in der Brennnesseljauche, dem wohl günstigsten Biodünger, in einer für die meisten Pflanzen verträglichen Dosierung enthalten. Die Herstellung von Brennnesseljauche wird in einer eigenen Infobox im Kapitel „Tomaten" beschrieben, doch es gibt auch noch unzählige andere Möglichkeiten, den Boden optimal aufzubereiten.

Komposterde

Besonders beliebt ist Komposterde. Mit Komposterde, egal ob diese selbst hergestellt oder bezogen wird, sollte auf jeden Fall vorsichtig umgegangen werden, denn sie ist sehr nährstoffreich und für viele Pflanzen in purer Form viel zu scharf. Mit Kompost verbesserte Erde ist **keinesfalls für Jungpflanzen geeignet**, diese möchten, solange sie im Keimprozess sind, lieber magere Anzuchterde. Die Pflanzen, die aber in die Tasche ausgesetzt werden, brauchen dann genügend Nährstoffe, um eine gute

Ernte zu bringen. Je nachdem, ob eine Pflanze ein Stark- oder Schwach-zehrer ist, wird man also die Erde vorbereiten. Erde aus einer bereits verwendeten Tasche, die über den Winter aufgehoben worden ist, sollte auf jeden Fall aufbereitet werden, denn ihr wurden in der vergangenen Gartensaison Nährstoffe entzogen. Eine Mischung von drei Teilen Erde mit einem Teil Komposterde ist bereits ausreichend für die meisten Pflanzen. Lediglich Starkzehrer wie Kürbispflanzen möchten eine „sattere" Erde, hier kann durchaus mehr Komposterde beigegeben werden.

Kompost selbst herstellen

Kompost aus eigener Her-stellung – das funktioniert auch auf dem Balkon!

Kompost kann selbst hergestellt werden, viele Kleingärtner haben dazu einen **Komposthaufen** im Garten angelegt. Auf den Komposthaufen kommen Küchenabfälle wie Obst- und Gemüsereste, Kaffeefilter, Eier-schalen, Brotreste, Nussschalen, Holzasche, keinesfalls aber Knochen oder Fleischreste sowie gekochte Essensreste oder Zigarettenstummel und -asche. Das Geheimnis des richtigen Kompostierens ist, dass man nicht einfach all diese Abfälle auf den Komposthaufen wirft, sondern dazwischen immer wieder eine Schicht mit Grasabfällen, Blättern oder anderen feinen Gartenabfällen einbringt. Ein gesunder Komposthaufen erzeugt keine unangenehmen Gerüche!

Soweit zum klassischen Kleingärtner. Was kann nun aber der Balkongärtner unternehmen, um an seinen eigenen Kompost zu kommen?
Mittlerweile gibt es tatsächlich kleine **Komposttonnen** für den Einsatz auf dem Balkon und auch in der Küche zu kaufen! Diese Tonnen bringen bei richtiger Befüllung hervorragenden Kompost hervor und verbreiten keinen unangenehmen Geruch, wenn die Grundregeln beachtet werden. Selbstverständlich muss man nicht auf die gekauften Kompostsets zu-rückgreifen, sondern kann sich einen Kompostbehälter für den Balkon auch selbst herstellen. Dazu sollte der Behälter – im besten Fall eine große Plastiktonne mit Deckel – an einem Platz stehen, an dem er nicht den winterlichen Frösten ausgesetzt ist. In den Boden der Tonne werden einige Löcher gebohrt, damit Flüssigkeit austreten kann. Diese Flüssigkeit sollte geruchlos sein – ist sie das nicht, ist die Komposttonne nicht richtig befüllt! Die Tonne muss nun also auf Holzbalken oder Ziegel gestellt werden, damit die Flüssigkeit darunter in einer Schale aufgefan-gen werden und als Flüssigdünger verwendet werden kann. Der Boden der Tonne wird mit zwei Handbreit Erde befüllt. In diese Erde kommt der als „Roter Kompostwurm" (*Eisenia foetida*) bekannte Wunderwurm, der letztendlich für die Komposterzeugung zuständig ist. Diese Würmer sind im Fachhandel, im Fischereibedarf oder auch über das Internet erhältlich.

Die Würmer vermehren sich stark und ernähren sich von den organischen Abfällen, die von nun an in der Tonne landen. Auf die Würmer gibt man etwas Laub oder Grasschnitt und ab jetzt können die Abfälle in die Tonne gegeben werden, wohlgemerkt immer wieder mit einer Schicht Gras oder Laub dazwischen. Sollte es trotz aller richtigen Befüllung zu Gerüchen kommen, so empfiehlt es sich, eine Handvoll Gesteinsmehl einzustreuen, dieses wirkt auch bei der Geruchsentwicklung während der Herstellung der Brennnesseljauche wahre Wunder.

Eine einzige Tonne reicht, wenn man immer wieder Kompost ernten möchte, nicht aus. Wenn man zum Beispiel eine Tonne im Herbst startet, so wird man diese, wenn sie voll ist, bis zum Frühling sich selbst überlassen und hat dann im Frühling die fertige Komposterde zur Verfügung. Während in einer Tonne also der Kompost reift, kann die nächste schon befüllt werden. Wer alleine lebt, wird auf eine möglichst kleine Tonnengröße zurückgreifen, da die Tonne sonst kaum voll wird. Während die meisten Schnellkomposter im Handel ab 200 Litern Fassungsvermögen erhältlich sind, reicht für einen Ein-Personen-Haushalt eine Tonne mit 50 Litern Fassungsvermögen ohne Weiteres. Generell gilt, dass Kompost ab **etwa neun Monaten Reifungszeit** aus der Tonne genommen werden kann, wenn die fleißigen Würmer mitarbeiten, geht es wesentlich schneller. Im Handel werden **Wurmkompostsysteme** angeboten, aus denen monatlich frische Komposterde entnommen werden kann und die auch in sehr kleinen Größen angeboten werden.

Taschengärtner, die ihren eigenen Kompost nicht auf dem Balkon herstellen möchten, können auch auf Komposterde aus dem Handel zurückgreifen. Wie auch beim selbst gewonnenen Kompost gilt: nie pur verwenden, da die Komposterde viel zu viel Nährstoffe enthält und den meisten Pflanzen in unverdünntem Zustand mehr schadet als nützt.

Nicht jedem Gärtner möglich: der eigene Komposthaufen im Garten

Pferdemist und Kuhdung

Pferdemist enthält wie Kuhdung Stickstoff, Magnesium, Phosphat und Kalium und ist ein hervorragender **Dünger für Blüh- und Gemüsepflanzen**. Pferdemist beugt der Austrocknung des Bodens vor, lockert schwere Böden optimal auf und fördert die Ansiedlung von Nützlingen in der Erde.

Verwendung und Düngung mit Mist

Allerdings muss der Mist gut in die Erde eingearbeitet werden und sollte, so wie die Komposterde, das Verhältnis drei zu eins nicht übersteigen, das hat zumindest die Erfahrung im Taschengärtnerbereich gezeigt. Zudem ist der frische Stallmist nicht zum Düngen geeignet, er muss vielmehr einige Monate kompostiert werden. Man sollte also, wenn man Zugang zu Pferde- oder Kuhmist hat, abwarten, bis der Mist zum Düngen der Felder geholt wird und dann den sehr reifen Mist am Grund der Mistgrube entnehmen. Dass dort bereits ein Kompostiervorgang im Gange ist, ist an den unzähligen Würmern in diesem alten, für den Gärtner sehr wertvollen Mist erkennbar.

Gereifter Pferdemist mit fleißigen Würmern

Im Optimalfall mischt man Erde und Mist noch vor dem Winter und hat dann im Frühling die beste Grundlage für seine Pflanzen. Dabei ist zu beachten, dass auch der kompostierte Mist nicht ganz geruchsfrei ist – bevor also große Experimente auf dem Balkon gestartet werden, sollte mit einer kleinen Menge überprüft werden, ob man sich selbst und den Nachbarn dies zumuten kann. Am besten funktioniert die Anreicherung der Erde mit Mist, wenn man die Erde aus den abgeernteten Taschen in eine große Tonne gibt, Mist dazumischt und sehr gut durchmischt. Auf die Erdoberfläche gibt man dann eine Handvoll Gesteinsmehl und deckt die Tonne mit einem Pflanzvlies ab.

Mit einer Plastikwanne wird der wertvolle Dünger vom Bauernhof abgeholt.

Hornspäne

Hornspäne sind ebenfalls ein beliebtes **organisches Düngemittel**, sie sind reich an Stickstoff und geben diesen sehr langsam ab. Hornspäne sollten in die Erdschicht, in der sich die Wurzeln der Pflanze befinden, eingearbeitet oder direkt um den Wurzelballen in die Erde eingebracht werden. Es gibt aber auch Verfechter der Schichtung, also des Einbringens der Hornspäne in Schichten. Vor allem **für Starkzehrer** wie Kürbis- oder Zucchinipflanzen ist dies eine gute Möglichkeit, um sie die ganze Saison über optimal mit Stickstoff zu versorgen – so muss nicht mehr nachgedüngt werden. Voraussetzung ist allerdings, dass eine reichhaltige Erde dazu verwendet wird. Hornspäne enthalten zwar eine Menge Stickstoff, dafür fehlt es an anderen Bestandteilen. Es genügt also nicht, nährstoffarme Erde vom vergangenen Jahr mit Hornspänen aufzuwerten. Diese Erde braucht unbedingt einen gesunden Mix an Nährstoffen, wie ihn zum Beispiel Komposterde liefern kann. Starkzehrer möchten ohne solche Vorsorge wie das Einbringen von Hornspänen im Lauf der Saison noch zusätzlich gedüngt werden. Als optimales Düngemittel hat sich die viel gelobte Brennnesseljauche erwiesen, wer sich jedoch vor der Herstellung auf dem Balkon scheut, kann auf biologische Düngemittel aus dem Handel zurückgreifen. Dies ist allerdings meist mit einigen Kosten verbunden.

Hornspäne

Urgesteinsmehl

Urgesteinsmehl ist ebenfalls ein **Langzeitdünger**, der Mineralien wie Eisen, Magnesium, Kalzium, Phosphat und Kaliumoxid, Spurenelemente, Kieselsäure und Tonerde in die Erde bringt. Urgesteinsmehl besteht aus gemahlenem Basaltgestein, aktiviert das Bodenleben, verbessert die Bodenfruchtbarkeit und soll Pflanzen widerstandsfähiger gegen Pilzkrankheiten machen.

Die Kraft aus vergangener Zeit

Urgesteinsmehl sollte so wie Puderzucker in das Pflanzloch gestreut werden, bevor die junge Pflanze gesetzt wird. Man kann auch einmal pro Monat eine zarte Schicht Urgesteinsmehl vor dem Gießen auf der Erde aufbringen. Manche Ratgeber empfehlen auch, Urgesteinsmehl auf die Blätter der Pflanze zu streuen, um sie so vor Pilzen und Ungeziefer zu schützen. Dies wird man selbstverständlich nicht bei Salat machen, der in den darauffolgenden Tagen geerntet werden soll!

Vor dem Winter kann man eine kleine Menge Gesteinsmehl in die Erde, die aufbewahrt werden soll, einarbeiten, um sie wieder mit Mineralien anzureichern. Dazu genügt eine Kaffeetasse voll Gesteinsmehl für 50

Liter Erde. Gesteinsmehl wird besonders für Gartenflächen empfohlen, deren Erdreich ausgelaugt ist, also auch für Rasenflächen, auf die man es vor dem Regen großzügig ausstreut. Auch für Gartenbeete, die lange vernachlässigt wurden, ist Urgesteinsmehl die ideale Erstversorgung, bevor wieder neu gepflanzt wird.

Was vermieden werden sollte, vor allem im Kleingarten- und Taschengartenbereich, sind chemische Dünger. Gerade Balkongärtner sind nicht auf Umsätze und Erträge angewiesen und können einen guten Beitrag dazu leisten, eine Vielfalt anzupflanzen, die nicht mittels chemischen Düngern oder gar Pestiziden belastet ist. Damit tut man sich selbst und der Umwelt, vor allem den mittlerweile so gefährdeten Bienen, einen großen Gefallen!

Der kleine Schrebergarten im Jahreskreis

Die Entscheidung für den Taschengarten ist gefallen? Dann kann es losgehen! Wie im Kapitel „Taschen" schon erwähnt wurde: Es muss nicht unbedingt eine Tasche sein! Fast alles, was auch nur annähernd Ähnlichkeit mit einem Blumentopf hat und in seiner vorgesehenen Funktion nicht mehr gebraucht wird, kann als Pflanzgefäß verwendet werden. Das einzig Wichtige daran ist, dass es dem Gärtner gefällt und den Pflanzen behagt. Bestenfalls wird mit dem Umfunktionieren von ausrangierten Gefäßen auch noch Müll vermieden.

Dieses Kapitel ist eine Hilfestellung für Gartenanfänger, doch auch erfahrene Gärtner und Gärtnerinnen werden den einen oder anderen Tipp darin finden. Die hier beschriebene kleine Reise durch das Gartenjahr ist als Anhaltspunkt gedacht, Gärtner und Gärtnerinnen, die schon einige Saisonen hinter sich haben, werden ihren eigenen Rhythmus finden.

Grundlegendes

Im Gartenjahr gilt es einige grundlegende Dinge zu beachten, dann ist der Erfolg garantiert. Dazu gehört zum Beispiel, dass die Pflanzen, die in der Tasche gedeihen sollen, früh genug gesät werden, wenn man sich für die eigene Ansaat entschieden hat. Das Selbstziehen von Pflanzen ist geldsparend, vor allem, wenn man sich bereits mit anderen Hobby-

gärtnern bekannt gemacht hat und mit ihnen Samen tauscht. Allerdings ist die Aufzucht kleiner Tomaten-, Paprika- oder Kräuterpflänzchen auch ein platz- und zeitintensives Unterfangen. Für dieses Buch wurde in einer Kleinwohnung getestet und dies erforderte einige Geduld während der Aufzuchtphasen im Frühling. Immerhin wird dann die Fernsehecke vom Pflanzkindergarten in Beschlag genommen, die Fensterbretter sind von sonnenhungrigen Pflanzenkindern besetzt und die kühleren Stellen der Wohnung bleiben für die kleinen Salatpflanzen reserviert. Taschengärtner, die in der eigenen Wohnung ihre Pflanzen ziehen, werden bald bemerken, dass eine bestimmte Auswahl getroffen werden muss, im Lauf der Jahre werden die Pflanzen bevorzugt, für die man ein „gutes Händchen" hat und die bald auf eigenen Beinen stehen können, das heißt, mit ihrer Tasche ins Freie übersiedeln. Sollte kein Platz an der frischen Luft zur Verfügung stehen, also kein Balkon, keine Terrasse und auch kein Blumenkasten außen am Fenster, so muss zumindest genug Platz an den Fenstern in der Wohnung vorbereitet werden, denn Pflanzen brauchen, um gedeihen zu können, vor allem viel Licht. Vielen Pflanzen wird es in der Wohnung außerdem rasch zu warm, wenn noch geheizt wird.

Grundsätzlich gilt: Wenn die Angaben auf den Samenpackungen beachtet werden – diese geben Auskunft über die Monate, in denen gesät werden soll sowie über die Art und Weise, wie der Samen in die Erde eingebracht werden soll – gelingt das Experiment Garten in den meisten Fällen. Das einzige Hindernis für einen Gartenerfolg könnte dann noch eine zu warme Umgebung für manche Pflanzen sein. Pflanzen zeigen uns aber immer sehr genau, was ihnen fehlt. Langjährige Taschengärtner wissen die Zeichen zu deuten und können reagieren, wenn der Salat plötzlich in den Himmel wachsen will oder die Tomaten keine Früchte tragen. Genug geredet – jetzt geht's ab ins Gartenjahr.

Angaben auf Samenpackungen beachten – so funktioniert der Start im Kleingarten.

Der Winter ist vorüber – fast

Den meisten frisch entschlossenen Gärtnern fällt es schwer, die Zeit zwischen Neujahr und dem Frühlingsbeginn abzuwarten. Es ist allerdings – so man kein beheiztes Gewächshaus besitzt – jetzt noch nicht sinnvoll, mit dem Gärtnern zu beginnen. Draußen ist es den Pflanzen zu kalt, in der beheizten Wohnung zu warm und die Sonne scheint noch nicht lange genug, um den Jungpflanzen genügend Licht in einer Wohnung zu bieten.

Im **Jänner** gilt es also, sich in Geduld zu üben und das **Pflanztagebuch** vom Vorjahr zur Hand zu nehmen. Sollte dies die erste Saison sein, so kann die Zeit nun genutzt werden, um eines anzulegen.

Im Pflanztagebuch ist Platz für die ersten Gartenplanungen, einige Entscheidungen stehen an:
- Was möchte ich im Sommer und Herbst ernten?
- Wann muss ich die gewünschten Pflanzen säen oder kaufen?
- Wo ist Platz für welche Pflanzen, entspricht der gewünschte Standort auch den Wünschen der Pflanze?
- Welche Pflanzen müssen unbedingt nach draußen?

Saatgutkataloge von Anbietern alter Sorten – das Schmökern lohnt sich!

Sowohl Gärtnereien als auch Hersteller bieten Saatgutkataloge an, in denen sich gut schmökern lässt. Zunehmend organisieren sich auch die Sammler und Erhalter alter Sorten besser, sei es nun im Internet oder mit eigenen Katalogen. Der Jänner, wenn es draußen noch kalt und ungemütlich ist, lässt sich gut nützen, um die Bestellungen der gewünschten Samen vorzunehmen oder sich zu überlegen, wo die jungen Pflanzen gekauft werden sollen.

Wie bereits beschrieben, gibt es Pflanzen, die Kaltkeimer sind, sie benötigen, um keimen zu können, kühle Temperaturen oder gar Frost für einige Tage bis Wochen. Auch dies lässt sich im Jänner bereits bewerkstelligen, allerdings sollte hierzu sehr genau auf der Samenpackung nachgelesen werden, wie lange die Kälteperiode dauern soll und wie lange die Pflanzen anschließend zum Auskeimen brauchen. Auch wenn die Ungeduld noch so groß ist – man kann auch zu früh dran sein und dann wird der aufkeimende Gärtnerstolz schnell gekränkt. Mit kleinen Tomatenpflanzen Mitte Februar kann man noch wenig anfangen!

Um Frühstarts dieser Art zu vermeiden und den besten Erfolg, der unter den jeweiligen Voraussetzungen möglich ist, zu gewährleisten, gilt es,

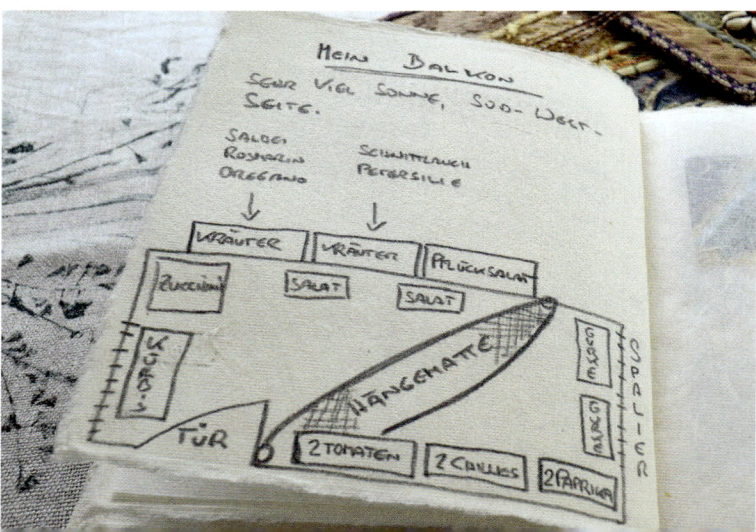

Das erste Pflanztagebuch

sich an die Angaben für die jeweilige Pflanze zu halten und vor allem eigene Erfahrungen zu sammeln und auch zu notieren. Aus den eigenen Pflanztagebüchern kann im Lauf der Jahre eine richtige kleine Bibliothek entstehen, die den Wissensschatz eines ganzen Gärtnerlebens birgt.

INFO | Pflanzbörsen

Die Zeiten, in denen auf dem Balkon in öden Monokulturen gepflanzt wurde, sind längst vorbei. Vor allem bei Balkongärtnern sind mittlerweile alte Gemüsesorten und exotische Neuzüchtungen aus biologischem Anbau sehr beliebt geworden. Seltene, in Vergessenheit geratene Tomaten- oder Kürbissorten bahnen sich wieder ihren Weg in Gärtnereien und sogar Supermärkte. Für den wirklichen Profi-Balkongärtner empfehlen sich Pflanzmärkte, auf denen Gleichgesinnte ihre Pflanzen und ihr Saatgut zum Kauf oder Tausch anbieten. Einige seien hier genannt.

ARCHE-NOAH-Pflanzmärkte
Die ARCHE NOAH ist ein gemeinnütziger Verein zur Erhaltung gefährdeter Gemüse-, Obst- und Getreidesorten. Traditionelle und seltene Sorten sollen wieder in die Gärten und auf den Markt gebracht werden. Saatgut und Pflanzen können direkt bei der ARCHE NOAH oder auf einem der ARCHE-NOAH-Pflanzmärkte erworben werden. Informationen dazu gibt es auf der Webseite, auf der sich auch Termine von Partnerbetrieben finden:
www.arche-noah.at

Reinsaat
Das kleine Unternehmen im österreichischen Waldviertel bietet ein umfangreiches Angebot an taschengarteneeigneten Sorten – vom kleinfruchtigen Kürbis bis zur geschmackvollen Mini-Tomate. Das Saatgut ist den Bedürfnissen des biologischen Landbaus angepasst und über einen praktischen Onlineshop zu bestellen:
www.reinsaat.at

Biogärtner
Auf dieser umfangreichen Internetseite finden sich viele Informationen zu Sorten, Schädlingsbekämpfung und Gartengestaltung auf den Grundlagen des biologischen Gartenbaus. Unter dem Punkt Bezugsquellen finden sich Kontaktadressen und Onlineshops aus dem gesamten deutschsprachigen Raum:
www.bio-gaertner.de

Die Erde vorbereiten

Bevor mit dem Ansäen begonnen wird, muss die Erde vorbereitet werden, eine Arbeit, die ebenfalls im Jänner erledigt werden kann. Frisch durchstartende Gärtner werden Pflanz- und Anzuchterde kaufen. Wer jedoch im Vorjahr bereits gegärtnert hat, ist nun mit der Erde aus den alten Taschen konfrontiert, die selbstverständlich noch verwendet werden kann und im besten Fall noch im Herbst mit Komposterde oder Pferdemist vermischt worden ist. Ist der Winter aber so plötzlich hereingebrochen, dass dazu keine Zeit mehr war, so muss das „Auffrischen" der Erde im Frühling nachgeholt werden. Dazu werden zwei bis drei Teile der „alten", bereits verwendeten Erde mit einem Teil Komposterde vermischt. Manche Pflanzen bevorzugen zu dieser Mischung auch noch einen Teil Sand. Besonders Kartoffeln werden dieses Beimengen von Sand danken. Komposterde sollte nie pur verwendet werden, denn sie ist den jungen Pflanzen viel zu „scharf", also zu gehaltreich. Für das Ansäen von Pflanzen, die zu vereinzeln sind, muss sogenannte Anzuchterde verwendet werden, also eine lockere Erde, die wenige Mineralstoffe enthält. Diese eher „magere" Erde bewirkt, dass die kleinen Pflänzchen auf der Suche nach mehr „Futter" schnell kräftige Wurzeln entwickeln, was ihnen sehr entgegenkommt, wenn sie dann aus der Erde genommen und in ein größeres Gefäß gesetzt werden. Doch auch für Pflanzen, die in den kleinen Torfgefäßen gesät und mitsamt diesen Gefäßen in die Tasche gesetzt werden, sollte Anzuchterde verwendet werden.

Das Ansäen und Vorziehen

Februar: erste Vorziehabenteuer

Im **Februar** kann bereits mit dem Ansäen begonnen werden. Gartenfreunde, die sich für den Kauf von Pflanzen entschieden haben, können jetzt noch entspannen und sich überlegen, welche Plätze rund um Haus und Balkon sich in weiterer Folge als Standort für den Taschengarten eignen. Auch die groben handwerklichen Tätigkeiten können nun, wenn es kein allzu schneereicher Monat ist, angegangen werden, wie das Montieren von Halterungen vor dem Fenster zum Beispiel, um Fensterkästen mit frischem Gemüse Platz zu bieten.

Taschen vorbereiten

Auf Fensterbänken, die reichlich Licht bieten, können ab Mitte Februar bereits Tomaten, Chilis oder Paprika gesät werden. Wenn in den Räumen noch stark geheizt wird, sollte dementsprechend sorgfältiger darauf geachtet werden, dass die Pflänzchen nicht austrocknen, denn die trockene Heizungsluft entspricht nicht den klimatischen Bedingungen, die die Jungpflanzen lieben.

Auch Bohnen möchten schon früh in die Erde, allerdings müssen diese nicht in der Wohnung vorgezogen werden. Die dicken Bohnensamen können bereits Ende Februar in die Pflanztaschen auf Balkon und Terrasse gesteckt werden, allerdings nur in den wärmeren Regionen, in denen nicht mehr mit viel Schnee und Frost zu rechnen ist. In den schneereichen und klimatisch kühleren Alpentälern muss hier noch gewartet werden.

Der Pflanzkindergarten wird vorbereitet.

Was auch immer der Hobbygärtner im Februar schon an Vorbereitungen plant, auf jeden Fall ist eine kleine **Bestandsaufnahme** über Samen, Erde und weiteres Material von Vorteil. Welche Pflanztöpfchen sollten verwendet werden, sind davon noch genügend im Bestand? Wie sieht es mit den Taschen aus, sind genügend in den verschiedenen gewünschten Größen vorhanden? Welche Taschen aus dem Vorjahr lassen sich noch verwenden? All diese Fragen können, solange draußen noch der Winter in den letzten Zügen liegt, in aller Ruhe beantwortet werden. In der Zwischenzeit keimen die ersten Pflänzchen auf der Fensterbank und das Gartenjahr kann langsam beginnen.

Wichtiges in Kürze!
Was kann ich im Winter machen?

- Pflanztagebuch anlegen oder die Bücher der letzten Jahre durchgehen – was hat besonders gut geklappt, was nicht?
- Taschen sammeln und aussortieren – egal ob man Geschenktüten oder Einkaufstaschen aus dem letzten Urlaub gesammelt hat, jetzt ist Zeit, sich zu entscheiden, welche Taschen bepflanzt werden sollen.
- Das Aussäen von frühen Pflanzen ist schon möglich, wenn man in einer klimatisch milden Gegend lebt, wo das Umstellen der Pflanzen nach draußen bereits ab April möglich ist.
- Aussäen von Kräutern. Viele Kräutersorten sind temperaturunempfindlich und gedeihen bereits draußen auf der Fensterbank, wenn Tomaten und Chilis noch im Warmen warten müssen.
- Kreative Ideen sammeln – was lässt sich außer Taschen noch bepflanzen? Von der ausrangierten Werkzeugkiste bis zum Altreifen wurde alles schon erprobt. Und es funktioniert!

Frühling: die frischen Kräuter locken

Im **März** beginnt der Frühling – erste Gartenboten, die aus dem Schnee lugen, widerstandsfähige Kräutlein, die sich trotz Minustemperaturen über den Winter gehalten haben, künden vom neuen Gartenjahr.

Bevor die Saison für Kräuter und Nutzpflanzen beginnt, wachsen im Garten bereits die bunten **Frühlingsblumen**. Auch diese können durchaus in Taschen gepflanzt werden, um Balkon und Terrasse mit ihren leuchtenden Farben zu zieren. In Ermangelung eines Gartens können die Tulpenzwiebeltaschen, in denen die Zwiebeln verkauft werden, sogleich als Pflanzgefäß genutzt werden. Diese verspielte Idee lässt sich für alle Frühlingsblüher anwenden, wie zum Beispiel auch für Märzenbecher. Auch als Geschenk eignen sich diese Pflanzen in der Tasche hervorragend.

Was bei mehrjährigen Zwiebelpflanzen in der Tasche zu beachten ist

In einem Garten werden die Zwiebeln über den Winter im Boden belassen, das bedeutet, dass die Zwiebeln für das kommende Gartenjahr noch vor dem ersten Frost in die Erde gegeben werden müssen. Im Taschengarten verhält sich dies anders, denn die Zwiebeln würden durch die dünne Erdschicht in der Tasche erfrieren. Also werden die Zwiebeln – seien es

nun Tulpen oder Märzenbecher – je nach Klimazone ab Mitte Februar in die Tasche gesteckt und an einen sonnigen Ort gestellt oder gehängt. Sind sie verblüht, werden die Zwiebeln aus der Erde genommen und an einem kühlen, dunklen Ort gelagert – bis zum nächsten Frühling. Sollte genügend Platz zum Überwintern der Pflanzen samt Tasche zur Verfügung stehen, so können die Taschen auch winterfest gemacht werden, wie im Kapitel „Herbst" beschrieben ist. Zu bedenken ist dabei allerdings, dass die Frühlingspflanzen vor dem Sommer verblühen und dass diese Taschen während der Sommersaison meist im Weg herumstehen.

Das traditionelle Gartenjahr beginnt jedenfalls laut Bauernkalender am 17. März. Die ersten Kräuter können bereits draußen gesät werden, doch es sollte darauf geachtet werden, dass empfindliche Kräuter in der Tasche erst an die frische Luft dürfen, wenn die Zeit der Nachtfröste vorbei ist. Selbstverständlich hängt dies vom eigenen Wohnort ab, während die Fröste in den milden Gegenden auf der Alpensüdseite weniger lang andauern, muss in den Alpentälern auf der Nordseite noch bis Mai mit Schnee gerechnet werden. Doch auch hier hat der Taschengarten einen Vorteil: Sollte der motivierte Taschengärtner seine Pflanzen bereits auf Balkon und Terrasse verteilt haben, so können diese ohne großen Aufwand wieder nach drinnen gebracht werden, wenn eine frostige Nacht ins Haus steht. Zum Transportieren des Taschengartens muss man kein Gewichtheber sein und je nach Anzahl der Taschen ist das vorübergehende Sichern der Pflanzen meist in wenigen Minuten erledigt.

> Das traditionelle Gartenjahr beginnt am 17. März. Zeit für ein Fest im Freundeskreis!

Kräuter und Salat ansäen

Ende März kann das **Ansäen der Kräuter** wie Kresse, Basilikum oder Petersilie in kleine Taschen oder andere Gefäße beginnen, die dann nach Belieben an den richtigen Platz in der Wohnung oder im Wintergarten gestellt werden können. Auch **Salat** kann nun selbst gesät werden, für den Taschengarten eignen sich am besten Pflücksalate, doch der Experimentierfreudigkeit des Gärtners ist hier natürlich keine Grenze gesetzt. Salat kann bis in den Sommer hinein immer wieder nachgesät werden und es ist sicher eine der größten Freuden des Hobbygärtners, einfach vor die Tür zu gehen und frischen Salat aus der Tasche zu ernten. Beim Ansäen in der Wohnung muss darauf geachtet werden, dass die kleinen Salatpflanzen zwar genügend Licht bekommen, es aber nicht zu warm haben, in beheizten Wohnungen erfordert dies einige Experimente. Wenn man bemerkt, dass es zu warm war, wenn der Salat also sehr stark in die Höhe wächst, ist es meist schon zu spät und das Blattwachstum wird sich nicht mehr in dem Maß in die Breite verändern, wie man es von einem Salat erhofft hätte. Für den Nachwuchsgärtner zahlt sich also ein

Pflanztagebuch im ersten Jahr unbedingt aus, darin werden vermerkt, welche Standorte welchen Pflanzen besonders gut getan haben und was so gar nicht geklappt hat. Aus den niedergeschriebenen individuellen Erfahrungen lässt sich für das darauffolgende Jahr ein wunderbarer Pflanzplan erstellen.

Wenn Zeit, Geduld oder Platz zum Selbstansäen fehlen, ist der März vor allem in den kälteren Klimazonen noch ein Monat voller Ruhe. Es genügt, nun die Erde vorzubereiten und die Taschen auszusuchen. Die Jungpflanzen können dann ab Ende März in der Gärtnerei gekauft und in die ausgewählten Taschen gepflanzt werden, ins Freie sollten sie je nach den Temperaturen in der Nacht dann ab April gestellt werden. Die exotischen und mediterranen Pflanzen wie Tomaten oder Chilis dürfen keinesfalls Nachtfröste erwischen, sie sollten erst Ende Mai hinaus in die große weite Gartenwelt!

Der Pflanzenaufzuchtplan im Pflanztagebuch

Wie auch immer das kleine Gartenwunder beginnen kann, ob mit gekauften oder selbst gesäten Pflanzen – wenn den Pflanzen der Platz zur Verfügung gestellt wird, den sie benötigen, steht dem Gartenerfolg nichts mehr im Weg.

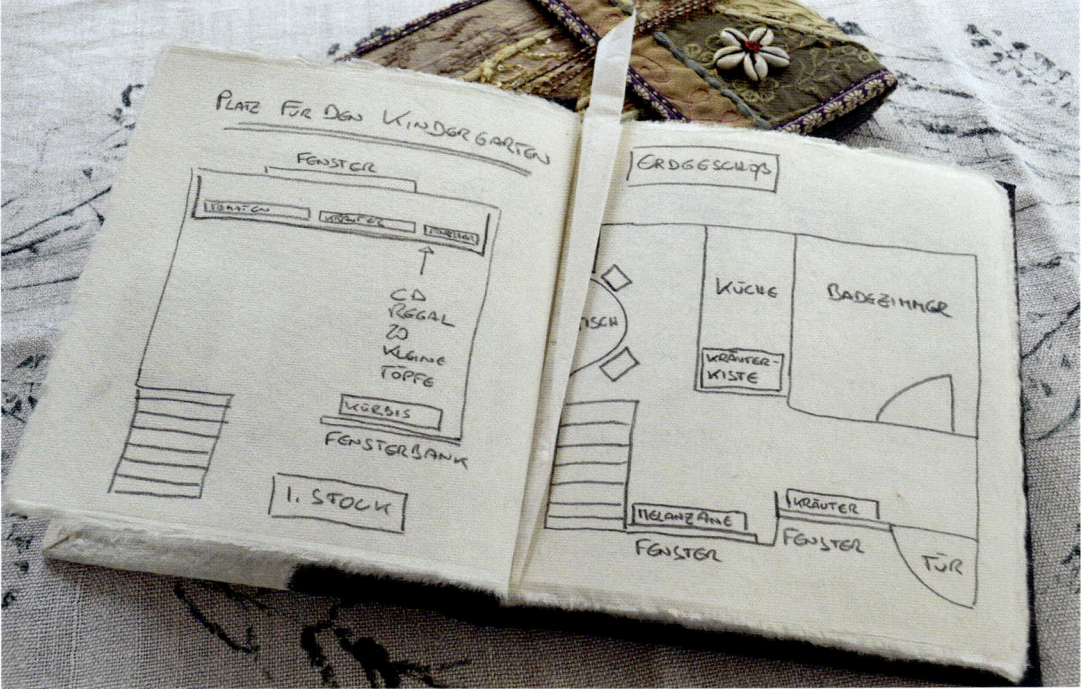

Die Gartenhochsaison beginnt

Im **April** ist für den Gärtner Hochsaison. Nach dem Vorbereiten der Erde, dem Aussuchen der Taschen, der Entscheidung, welche Pflanzen angesät werden sollen und dem Wählen des richtigen Standortes geht es nun ans Pflanzen. Die Taschen werden dementsprechend eingeteilt in solche, die einfach mit Erde befüllt werden können (Badetaschen sowie andere Taschen aus Kunststoff), solche, die ein Inlay brauchen (Textil- und Papiertaschen), sowie Taschen, die auf einem Untergrund aus Erde stehen und bei denen man bewusst einen Abfluss einrichten kann (Jutesäcke für Kartoffeln).

Sind die Taschen vorbereitet, wird in die Taschen gesät, wie im Kapitel „Pflanzen" beschrieben. Kräuter, Karotten- oder Radieschensamen werden in der richtigen Menge und im passenden Abstand direkt in die Taschen gesteckt, Tomaten- oder Paprikapflanzen in Pflanztöpfchen aus Torf gesät, die, sobald die Pflanze groß genug ist, einfach in eine große Tasche umgesetzt werden können. Die Pflanztöpfchen aus Torf zersetzen sich im Lauf des Sommers und werden wieder zu Erde.

Die Taschen werden bepflanzt.

Wichtig ist nun lediglich, darauf zu achten, dass die kleinen **Keimlinge genügend Wasser und Licht** erhalten, jedoch nicht „übergossen" werden. Auch Geduld ist eine Eigenschaft, die der überzeugte Gärtner in dieser Zeit lernen wird, denn der Weg vom Einsäen bis zur Ernte erscheint den meisten Gartenneulingen einfach ungeheuer lange.

Taschengärtner, die den Luxus eines Wintergartens oder einer geschlossenen Terrasse genießen dürfen, können den Pflanzkindergarten nun ohne Weiteres dort schon auf die ausgewählten Plätze stellen, für alle anderen gilt es, noch ein wenig zu warten. Erst im Mai, nach den Eisheiligen, ist es in den Alpenländern garantiert, dass die Zeit der Nachtfröste vorbei ist. Wer jenseits des Alpenhauptkammes lebt, wird für seine Wohngegend vielleicht ähnliche Regelungen kennen oder im Gespräch mit anderen Gärtnern Tipps bekommen, ab wann die Nächte sicher frostfrei sein werden.

Taschengärtner, die ihre Pflanzen nicht nach draußen bringen können, sondern nur das Fensterbrett innen und außen nutzen, werden mehr experimentieren müssen, um herauszufinden, welche Standorte in der eigenen Wohnung geeignet sind und was dort am besten wächst. Meist ist es den Pflanzen in der Heizsaison irgendwann zu warm in den Wohnungen, oftmals steht in dieser Zeit auch zu wenig Licht zur Verfügung oder der Platz im Wohnraum wird mit der Zeit zu eng – hier gilt es, Er-

fahrungen zu sammeln und diese auch zu dokumentieren, damit sie im nächsten Gartenjahr wieder zur Verfügung stehen.

Der **April** eignet sich auch wunderbar zum Vorbereiten jener Ecken und Nischen rund um Haus und Wohnung, in denen eine Tasche, ein Korb oder ein anderes Gefäß untergebracht werden soll. Kreative Gärtner bringen Spaliere an Hauswänden an, die dann zum perfekten Raum für den hängenden Garten werden, Treppenaufgänge und Stiegengeländer werden vorbereitet, um einen optimalen Lebensraum für Kräuter und Salat zu bilden und ungenützte Sitzgelegenheiten im Garten werden zum Heim für Tomatenpflanzen in der Badetasche.

INFO | **Vertikale Gärten bei Platzmangel**

„Vertikale Gärten" sind das Schlagwort für den gartenambitionierten Menschen mit wenig Platz. Die Vorbereitungsarbeiten für diese Art des Gärtnerns umfassen vor allem die Anbringung von Kletterhilfen an Stellen, an denen die Taschen mit den Pflanzen dann stehen können. Diese Kletterhilfen sollten stabil angebracht und nicht einfach in die Taschen gesteckt werden, denn Gemüse bringt Gewicht! An diesen Kletterhilfen an Wänden und Balkongeländern können Zuckererbsen und Feuerbohnen, kleinfruchtige Melonen, Kürbisse und Klettererdbeeren hochwachsen. Bei Kürbissen und Melonen gilt es, die Triebe immer wieder nach oben zu binden und nicht am Boden entlangranken zu lassen. Geeignete Sorten für dieses Vorhaben sind zum Beispiel Birnenmelone und Hörnchenkürbis sowie Kletterzucchini. Gärtner, die auf Pflanzen mit schweren Früchten verzichten und nur Bohnen, Erbsen und Kapuzinerkresse ranken lassen, können auf stabile Holzspaliere verzichten und einfach einige Drähte spannen, auch diese Kletterhilfen werden von den Pflanzen gerne angenommen.

Alles an die frische Luft

Der **Mai** bringt endlich das richtige Gartenwetter! Traditionell nach den Eisheiligen, die zwischen 11. und 15. Mai liegen, **dürfen alle Pflanzen an die frische Luft**. Aufgrund der gregorianischen Kalenderreform sind allerdings diese „Wetterheiligen"-Tage etwa zehn Tage später anzusetzen – hier gilt es nun für den Gärtner, das Wetter zu beobachten. Dass erst nach diesem Datum mit durchgehend mildem, sommerlichem Wetter ohne Fröste zu rechnen ist, rührt daher, dass bis Mitte Mai oftmals Nord- und Nordostströmungen Mitteleuropa prägen, die kaltes, feuchtes und unbeständiges Wetter bringen. Die Eisheiligen zählen also keinesfalls zu einem Wettermärchen, sondern beruhen auf beobachteten, wiederkehrenden Wetterphänomenen.

Mai: ab an die frische Luft – der Sommer ist da!

Nach diesen Tagen der Wetterheiligen können jedenfalls auch frostemp-findliche Pflanzen nach draußen gebracht werden. Während im April oft noch mit richtigen Wetterkapriolen zu rechnen ist, Regen, Stürme und oft auch noch Schnee auftreten, ist der Zeitraum von Ende Mai bis Ende Juni in Mitteleuropa meist mild und trocken. Die Taschen mit den jungen Pflanzen können nun an den ausgewählten Standorten ihren Platz einnehmen. Und jetzt kommt es auf die richtige Pflege an! Die Pflanzen haben in ihren Taschen bereits das nötige „Futter", um gut gedeihen zu können, Mittelzehrer und Starkzehrer werden während der Saison ab und an mit biologischem Dünger nachgedüngt.

Es ist wichtig, die richtigen Standorte für Pflanzen zu finden.

Auch selbst gesäte Tomaten-, Gurken- und Paprikapflanzen dürfen nun endlich nach draußen. Vor ihrem Umzug an die frische Luft sind sie in eine passende große Tasche gepflanzt worden und jetzt gilt es, den besten Standort zu finden. Frisch gebackene Hobbygärtner beobachten nun sehr genau, **welche Standorte für welche Pflanzen** geeignet sind, stellen gegebenenfalls die Taschen um und notieren dies in ihr Pflanztagebuch.

Tomatenpflanzen, genauso wie Paprika- und Chilipflanzen, mögen es sonnig, brauchen aber auch genug Wasser. Dauerregen tut ihnen nicht gut, genauso wenig wie Wasser, das in der Tasche „steht". Die Pflanzen sollten also keinesfalls zu heftig gegossen werden, vor allem nicht, wenn das Wasser nicht abfließen kann. Tomaten wollen keine „nassen Füße" bekommen, daher sollte mit der Wasserversorgung sparsam begonnen und erforscht werden, wie viel Wasser die Pflanze braucht und wie gut die Feuchtigkeit in der Tasche erhalten bleibt. Auch der Gartenlaie erkennt sehr schnell, wenn die Versorgung nicht stimmt: Wenn die Pflanzen die Blätter hängen lassen, einfach den Finger in die Erde stecken. Ist die Erde feucht, dann liegt der erschöpfte Zustand der Pflanze am „zu nass".

Die jungen Kräuterpflanzen bekommen einen Platz an der Sonne.

Rankhilfen anbringen

Alle Pflanzen, die in die Höhe wachsen oder ranken, also Tomaten, Paprika, Gurken und Zucchini, brauchen eine Stütze. Dies kann einfach ein Stock aus Holz sein, Bambusstöcke aus dem Gartenmarkt oder für Tomaten die klassischen Rankhilfen. Diese Hilfen legt man sich bereit, denn sobald die Pflanzen draußen in der Sonne stehen, wird das Wachstum sich beschleunigen und in etwa einem Monat werden die kleinen Pflanzenkinder einen Stab zum Hochranken brauchen.

Rankhilfen – Stäbe zur Unterstützung

Salat aus der Tüte ist im Gegensatz dazu pflegeleicht, vorausgesetzt, die Salatpflänzchen verbringen nicht zu viel Zeit in der geschützten Wohnung. Das bedeutet, dass diese Taschen jetzt im Frühsommer unbedingt auf den Balkon, auf die Fensterbank mit Frischluftzufuhr oder auf die Terrasse müssen.

Wenn die Pflanzen in den Taschen einen Platz im Garten bekommen, gilt es außerdem zu beobachten, **welche Schädlinge** Interesse an den jungen Salat-, Karotten- oder Tomatenpflanzen entwickeln. Schädlinge kommen aber nicht nur aus der freien Natur – oftmals sind Eier von verschiedenen Insektenarten schon in der Erde mitgeliefert worden und schlüpfen dann zwischen den jungen Pflanzen. Vor allem sehr billige Erde minderer Qualität kann die unterschiedlichsten Schädlinge beinhalten.

Sollten Schnecken in der Erde schlüpfen, so hilft dem Biogärtner nur das konsequente Absammeln der jungen Tiere, denn Schnecken wachsen schnell und legen auch schnell wieder Eier. Außerdem sind sie unheimlich gefräßig und machen sich über diverse Kräuter mit einem Heißhunger her, der kein Blatt an der Pflanze lässt. Doch nicht nur Kräuter, sondern auch Salatpflanzen und sogar die Blüten und Früchte von Gewächsen wie Zucchini gehören zum Speiseplan der kleinen Schleimer.

Die kleinen Pflanzen kommen noch mit einer einfachen Stütze aus.

INFO | **Schädlinge: Fruchtfliegen und Trauerfliegen**

Über die Bekämpfung von Schnecken sind schon ganze Bücher geschrieben worden, doch in der langjährigen Erfahrung zeigt sich, dass nur das Absammeln der Tiere wirklich nachhaltig erfolgreich ist. Balkon- und Taschengärtner bleiben, so die Tiere nicht aus der Erde schlüpfen, meist verschont von der Plage. Dafür können sie aber mit anderen Schädlingen konfrontiert sein, zum Beispiel **Frucht-** oder **Florfliegen**, die, wenn die Pflanzen in der Wohnung vorgezogen werden, keine natürlichen Feinde haben. Gegen diese winzigen, aber durchaus lästigen Insekten hilft ein sehr einfaches Mittel. Man füllt zwei Finger hoch Apfelessig in ein Saftglas, füllt dieses mit warmem Wasser und gibt zum Schluss einen Schuss Geschirrspülmittel hinzu. Die Insekten werden vom süßlichen Apfelessig fast magisch angezogen, das Geschirrspülmittel zerstört allerdings die Oberflächenspannung des Wasser-Essig-Gemisches, weswegen die Winzlinge versinken, die es normalerweise gewohnt sind, auf dem Wasser spazieren zu gehen. Es erfordert einige Tage Geduld, doch dann ist man in den meisten Fällen wieder fliegenfrei.

Ein Sud aus den Schalen von Zitrusfrüchten kann die Bekämpfung der Fruchtfliegen unterstützen. Dazu nimmt man eine Handvoll Zitronen- oder Orangenschalen und übergießt diese mit fünf Litern kochendem Wasser. Man lässt den Sud zehn Minuten ziehen, seiht ihn ab und besprüht die Pflanzen damit.

Neben den Fruchtfliegen machen dem Junggärtner oftmals auch die sogenannten **Trauerfliegen** zu schaffen. Diese kleinen Fliegen schwirren in Massen um die Pflanzen herum und können diese auch beschädigen. Meist werden die lästigen Insekten von draußen mitgebracht, in der Erde, an gekauften Pflanzen, sogar in Töpfen. Die Erfahrung hat gezeigt, dass auch diese Fliegen sich vom Apfelessiggebräu anlocken lassen, doch die Gefahr, dass sie vor ihrem Absturz ins Glas bereits Eier abgelegt haben, ist relativ groß. Trauerfliegen legen ihre Eier bevorzugt in feuchter Erde ab, die Larven können die Wurzeln der Pflanzen beschädigen. Sollte man also mit Trauerfliegen zu kämpfen haben, so muss die entsprechende Tasche erst einmal von den anderen Pflanzen getrennt werden, bevor alle Pflanzen befallen werden. Trockenheit und Kälte helfen gegen die Fliegen, doch das lieben auch die meisten Pflanzen nicht unbedingt. Das einzig probate Mittel ist das Austauschen der Erde und als vorbeugendes Mittel das Verwenden von Sand an der Oberfläche, da dieser sich nicht zur Eiablage eignet.

Alle Junggärtner, die nicht selbst angesät haben, nutzen den Mai zum **Einkauf ihrer Pflanzen**. Mittlerweile werden in Gartenmärkten, Baumärkten und sogar Supermärkten gute Sortimente an Pflanzen angeboten, es zahlt sich aber auch aus, beim Biobauern um die Ecke zu stöbern. Jeder Anbieter wird verschiedene Sorten in den Regalen haben und im ersten Jahr des Taschengartens gilt es festzustellen, welche Sorten an den jeweiligen Plätzen am besten gedeihen. Dazu gibt es leider kein Patentrezept, hier sind Experimentierfreude und Kreativität gefragt!

Wichtiges in Kürze!

Was kann ich im Frühling machen?

- Samen kaufen
- Samenpackungen prüfen: Was möchte wann und vor allem wie gesät werden?
- Welche Pflanzen sollen nicht selbst gesät, sondern als Jungpflanzen gekauft werden? Jungpflanzen gibt es in Gärtnereien und oft sogar in Supermärkten, dort allerdings nicht das ganze Jahr über.
- Taschen wählen nach Geschmack, Größe und Durchlässigkeit – Jutesäcke und andere durchlässige Taschen nur verwenden, wenn der Untergrund dies verträgt.
- Standort wählen: nicht zu heiß, nicht zu ausgesetzt – bei Bedarf umstellen.
- Das Anbringen von Spalieren und Drähten für den vertikalen Garten
- Anbringen von Halterungen für Fensterkästen
- Vereinzeln der selbst gezogenen Pflanzen in die ausgewählten Taschen
- Kontrolle der jungen Pflanzen auf Schädlinge und eventuelle Maßnahmen
- Erstes Ansetzen von Brennnesseljauche

Sommer: Jetzt darf gehegt, gepflegt und genascht werden

Im **Juni** wird es endlich frühsommerlich warm und die Pflanzen stehen in ihrer vollen Pracht. Dem Taschengärtner bleibt die Pflege der Beete und das Unkrautjäten großteils erspart. Außerdem muss nicht darüber sinniert werden, wohin die liebevoll gezogenen Pflanzenkinder im Garten gesetzt werden. Die Pflanzen sind aufgrund der praktischen Taschen leicht zu transportieren und können nach Belieben einen neuen Standort bekommen. Allerdings sollte der spontane Taschengärtner daran denken, dass auch Pflanzen irgendwann ihre Ruhe brauchen, eine tägliche Neugestaltung ihres Umfeldes werden sie nicht danken.

Der erste Sommer – die erste große Ernte!

Gießen, pflegen, Schatten

Balkon- und Terrassengärtner sollten sichergehen, dass die jungen Kräuterpflanzen am Balkon auch Schatten bekommen und nicht den ganzen Tag in der prallen Sonne verbringen müssen. Zum einen wird der Bewässerungsaufwand dann nämlich sehr hoch, zum anderen ist die Gefahr, dass die zarten, jungen Kräuter von der Sonne verbrannt werden, erheblich. Generell gilt: Je größer die Tasche, desto mehr Erde passt hinein und desto seltener muss gegossen werden.

Kräuter, die in Dosen wachsen, sind sehr dekorativ, allerdings verlangen die kleinen Gefäße auch viel Pflege und sollten ebenfalls nicht der prallen Sonne ausgesetzt werden, da sich die Dosen sehr schnell erwärmen. Doch aus welchem Gefäß auch immer die jungen Kräuter sprießen, **ab Juni** kann garantiert **schon geerntet** werden. Frische Kresse gedeiht ohnehin das ganze Jahr über, ab Juni werden aber auch das selbst gezogene Basilikum, der frische Koriander oder die himmelblau leuchtenden Borretschblüten schon auf dem Speiseplan ihren Platz gefunden haben. Neben diesen Blüten, die herrlich in frisch geernteten Blattsalat passen, gibt es eine Menge anderer genießbarer Blüten, die ebenfalls in der Tasche gepflanzt werden können. Dazu gehören die vitaminreiche Kapuzinerkresse, aber auch die Blüten von Thymian, Salbei und Majoran schmecken vorzüglich. Auch für Zucchini- und Kürbisblüten gibt es unzählige Rezepte.

INFO | **Basilikum richtig ernten**

Basilikum bedarf besonderer Pflege, dann wird es den ganzen Sommer hindurch mit seinem intensiven Duft und der reichen Ernte Freude bereiten. Die zarten Basilikumblätter sollten sorgsam geerntet werden, damit man möglichst lange Freude an der Pflanze hat. Dazu werden immer die Triebspitzen abgezupft, die winzigen Blätter an der Triebspitze werden an der Pflanze belassen. Dies bewirkt, dass die Pflanze sich an dieser Stelle verzweigt und somit mehr in die Breite wächst. Die Pflanze wird buschiger und bietet mehr Blätter zur Ernte. Die meisten Basilikumpflanzen sind nicht mehrjährig – wenn also im Herbst ersichtlich wird, dass die Pflanze nun am Ende ihres Wachstums steht, dann gilt es, auch die letzten Blätter zu ernten. Im Gegensatz zu vielen anderen Kräutern eignen sich die Blätter des Basilikums nicht zum Trocknen, können aber **in Öl eingelegt** werden, wo sie ihren herrlichen Geschmack bewahren.

Basilikum – gut geschützt vor den gefräßigen Schnecken

Die meisten Salatsorten können ebenfalls bereits ab Juni geerntet werden, vor allem die Pflücksalate bringen schon frühe Ernte. Die Blätter der Zupfsalate sollten immer von außen geerntet werden, das heißt, man zupft die äußeren Blätter der Pflanze ab und lässt das Herz stehen – so wird man möglichst lange ernten können. Sollte die Salatpflanze „auswachsen", also in die Höhe schießen, dann ist der Zeitpunkt gekommen, auch den Rest der Pflanze zu ernten und die verbleibende Erde aus der Tasche in einen größeren Behälter zu geben, um sie mit Kompost und frischer Erde zu vermischen und wiederverwenden zu können. Voraussetzung dafür ist natürlich, dass die Erde ungezieferfrei war, denn sonst züchtet man selbst die nächsten Generationen an Insekten heran, die man nicht gerne an seinen Pflanzen hat.

Rucola

Salat kann den ganzen Sommer über **nachgepflanzt werden**, kleine Salatpflanzen sind in Gärtnereien bis in den Spätsommer erhältlich, auch Lebensmittelketten bieten immer wieder Pflanzen an. Optimal ist es, Pflanzen aus biologischem Landbau zu erwerben, wenn die Gelegenheit dazu besteht. Salat kann über den Sommer auch noch selbst angesät werden.

Je nachdem, was im März und April angesät wurde und welcher Witterung diese Pflanzen ausgesetzt waren, können im Juni neben Salat aber auch schon andere Köstlichkeiten aus dem Taschengarten geerntet werden. Frühe Karotten, Kohlrabi oder Radieschen aus der eigenen Tasche kommen nun auf den Tisch und können auch noch nachgesät werden. Vor allem Radieschen können mehrmals im Jahr gesät und geerntet werden, bis die Zeit der Nachtfröste wieder anbricht. Doch davon will im Juni noch kein Gärtner etwas wissen!

Im **Juli** werden die Tage immer heißer und die Urlaubszeit bricht an. Für den motivierten Taschengärtner stellt sich nun die Frage, ob sich jemand findet, der die Pflanzen während der urlaubsbedingten Abwesenheit gießt und dies auch zur vollsten Zufriedenheit erledigt. Mit **automatischen Bewässerungsanlagen** ist das Problem der Pflanzenpflege in der Urlaubszeit schnell gelöst. Solche Anlagen gibt es sehr günstig zu kaufen, kreative Köpfe bauen sie selbst. Bevor das System einer automatischen Bewässerung für die Zeit der Abwesenheit in Betracht gezogen wird, werden die Taschenpflanzen erst einmal an einen schattigeren Platz gestellt, sofern ein solcher vorhanden ist. Dies funktioniert natürlich nur für jene Pflanzen, die nicht bereits an einem Spalier oder einem Draht hochwachsen. Dieses Umstellen der Pflanzen an einen schattigen Platz erspart schließlich bereits etwas Gießwasser.

Urlaubszeit: automatisch bewässern oder Freunde fragen?

Bewässerungssysteme für Taschengärten

Zum Selbstbauen eines Bewässerungssystems können im Gartenfachhandel oder auch via Internet Aufsätze für PET-Flaschen erworben werden. Diese **Tonkegel** werden einfach auf die mit Wasser gefüllte Flasche geschraubt. Dann wird die Flasche mit dem Tonkegel in die Erde gesteckt und gibt genauso viel Wasser ab, wie die Pflanze braucht. Allerdings sollte man trotz dieser gärtnerischen Unterstützung den kleinen Taschengarten nicht länger als zehn Tage unbeaufsichtigt lassen, denn die Flaschen sind irgendwann leer. Das System der Tonkegel gibt es auch in Verbindung mit kleinen Schläuchen, durch die das Wasser angesaugt wird, allerdings setzt dies voraus, dass ein großer Behälter mit Wasser auf dem Balkon untergebracht und die Pflanzen rundherum gruppiert werden können. Welches Bewässerungssystem verwendet wird, hängt vom Geschmack und den individuellen Vorstellungen des jeweiligen Gärtners ab. Abgesehen von den Händlerangaben sollte auch jedes System vor dem Urlaub einmal getestet werden, um böse Überraschungen zu vermeiden. Das schönste System ist immer noch ein Gartenfreund, der mit helfender Hand zur Seite steht, wenn man einmal nicht da ist.

Neben Urlaub und Bewässerungsfragen bringt der Juli bereits die ersten Vorbereitungen für den Winter mit sich. Taschengärtner, die nicht nur die frischen Kräuter verwenden wollen, sondern bewusst einen Vorrat für die dunklen Wintertage trocknen möchten, sollten nun verschiedene **Kräutersorten bereits ernten**. Thymian, Kerbel, Petersilie, Oregano und viele mehr werden, sollen sie getrocknet werden, noch vor der Blüte geerntet, am besten am frühen Morgen. Die Pflanzen müssen dazu aber schon trocken, also nicht mehr nass von Tau oder Regen, sein. Die

Der kleine Balkongarten

Auch Wildkräuter eignen sich zum Trocknen – Schafgarbe, roter Klee und Frauenmantel

Kräuter werden zu Büscheln gebunden und kopfüber, vorzugsweise an einem luftigen Ort, aufgehängt, jedoch nicht in der prallen Sonne. So sichert man sich den vollen Duft und Geschmack der Gewürzkräuter bis in den Winter hinein.

Kräuter, die nicht sehr gut zum Trocknen geeignet sind, wie Basilikum, Dill oder Schnittlauch, können durch das Einlegen in Essig oder Öl haltbar gemacht werden. Für diese – und auch alle anderen Kräuter – eignet sich auch das Einfrieren. Dafür werden die Kräuter klein gehackt und portionsweise in den Tiefkühler gestellt, zum Beispiel in Eiswürfelbehältern.

Noch mal aussäen im Juli

Der Juli ist nicht nur ein Monat voller Pracht und Blüte, sondern kann auch noch einmal zur Aussaat genutzt werden. **Herbstgemüse** wie Chinakohl, Endivie, späte Karotten oder Rettich können jetzt noch angesät werden. Auch das Ansetzen von kleinen Salatpflanzen verspricht bis in den Oktober Vitamine vom eigenen Balkon.

Für Gärtner, die Beete im eigenen Garten angelegt haben, ist der Juli eine pflegeintensive Zeit, da nun tüchtig Unkraut gejätet werden muss. Davon bleiben die Balkon- und Terrassengärtner weitgehend verschont, obwohl selbstverständlich auch in Taschen und anderen Behältern Unkraut wachsen kann und wird. Die Samen dieser Gräser und Kräuter befinden sich manchmal bereits in der Erde oder werden vom Wind gebracht. Auch als überzeugter Biogärtner sollte man das Unkraut aus den Taschen entfernen, denn es nimmt den eigenen Nutzpflanzen Wasser und Nährstoffe. Doch manches, was gemeinhin als Unkraut bezeichnet wird, gehört zu den Genuss- und Heilpflanzen und eignet sich hervorragend zum Verzehr. So können Löwenzahn, Vogelmiere oder Brennnessel ohne Weiteres dem Salat beigegeben oder in einer schmackhaften Kräuter-suppe genossen werden.

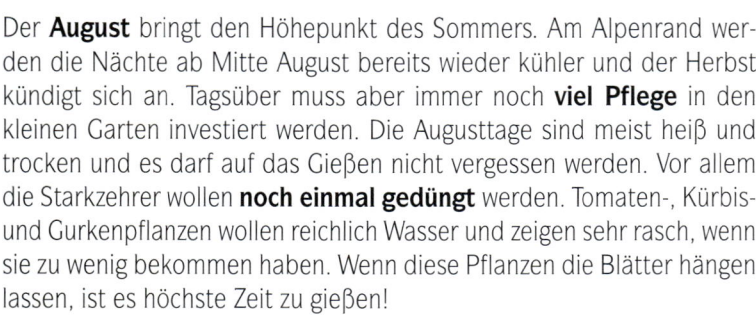

INFO | **Ist Unkraut wirklich Unkraut?**

Viele genießbare Wildkräuter werden als Unkraut bezeichnet, eignen sich aber hervorragend für Salate, sowohl als Basis wie auch als Würzkräuter. Der Taschengärtner wird nicht viele Unkräuter in seinen kleinen Beeten finden, Löwenzahn, Brennnessel und Gänseblümchen wurden während der Entste-hung dieses Buches aber bereits in den Taschen entdeckt. Weitere genießbare und schmackhafte „Unkräuter" sind Vogelmiere, Giersch, Teufelskralle oder das Wiesenschaumkraut. Doch auch Wegerichblätter, Walderdbeerblätter oder Veilchen können genossen werden. Obwohl die meisten der heimischen Kräuter zumindest genießbar sind, sollte der junge Taschengärtner erst einmal Fachliteratur heranziehen, wenn er die Pflanzen, die aus dem Taschengarten wachsen, nicht erkennt. Diese Pflanzen können sowohl durch Samen aus der Luft wie auch mit der Erde selbst angereist sein und es muss auf jeden Fall überprüft werden, was man dem selbst gezogenen Blattsalat beigibt.

Tipps zum Erkennen von Wildkräutern, nicht nur auf Balkon und Terrasse, sondern auch in Wald und Wiese, bietet diese Seite: *www.gartendatenbank. de/kategorie/essbare_wildkr%E4uter*

Wer zum Bestimmen der Kräuter lieber ein Buch mitnehmen möchte, ist mit dem Buch **„Noch mehr Wildfrüchte, Gemüse und Kräuter"** von Elisabeth Mayer bestens bedient, darin werden außerdem Tipps zum Sammeln und Zubereiten gegeben.

Der **August** bringt den Höhepunkt des Sommers. Am Alpenrand wer-den die Nächte ab Mitte August bereits wieder kühler und der Herbst kündigt sich an. Tagsüber muss aber immer noch **viel Pflege** in den kleinen Garten investiert werden. Die Augusttage sind meist heiß und trocken und es darf auf das Gießen nicht vergessen werden. Vor allem die Starkzehrer wollen **noch einmal gedüngt** werden. Tomaten-, Kürbis- und Gurkenpflanzen wollen reichlich Wasser und zeigen sehr rasch, wenn sie zu wenig bekommen haben. Wenn diese Pflanzen die Blätter hängen lassen, ist es höchste Zeit zu gießen!

Feldsalat für den Winter

Im August darf auch noch gesät werden, Feldsalat, Spinat oder Rucola können dann im Spätherbst und frühen Winter frisch geerntet werden. Da es verschiedenste Sorten gibt, empfiehlt es sich, immer auf der Sa-

Salatnachwuchs für die späte Ernte

menpackung nachzusehen, welcher Saatzeitpunkt empfohlen wird, und selbstverständlich gilt es auch zu berücksichtigen, wo man seinen kleinen Hobbygarten gegründet hat. Während in klimatisch milderen Gegenden noch im November frostfreie Temperaturen herrschen, kann es in vielen Alpentälern bereits Anfang Oktober zum ersten Mal schneien. Für diesen Fall sollte man gerüstet sein, den kleinen Taschengarten an eine geschützte Stelle unter Dach transportieren und in der Nacht mit Vlies abdecken. Diese schützenden Vliese sind im Gartenfachhandel erhältlich und mit ihrer Unterstützung kann auch in kalten Gegenden die Erntezeit noch ein wenig verlängert werden.

Doch noch ist August und der Winter darf noch warten! Gartenfreunde, die bereits Erfahrung haben oder sehr experimentierfreudig sind, können nun bereits überlegen, von welchen Pflanzen sie **selbst Samen gewinnen** möchten. Bei Kräutern wie Dill oder Koriander lässt man einfach einige Pflanzen auswachsen, das heißt, man wartet, bis sich ein Blütenstand entwickelt und erntet anschließend die Samen, bevor sie zu Boden fallen oder vom Wind weggetragen werden. Auch Kapuzinerkressesamen lassen sich auf diese Art gewinnen. Die Samen sollten schon braun und trocken sein. Sie werden in kleinen Gläsern oder Papiertüten, passend beschriftet, bis zur nächsten Saison aufbewahrt. Bei Feuerbohnen wartet man, bis die Schoten braun und dürr sind, dann können die bunten Bohnen aus den Schoten genommen und für das hausgemachte Chili verwendet werden. Einige davon werden für das kommende Jahr aufbewahrt.

Samen selbst gewinnen ist gar nicht schwierig.

Bei Tomaten, Chilis oder Paprika wird die Sache etwas komplizierter, denn die Samen befinden sich in der Frucht und müssen getrocknet werden.

So mancher Salat kann bis in den Spätherbst geerntet werden.

Unreife Frucht

Saatgut gewinnen

Wer vorhat, die Samen von Tomaten oder Paprika für die kommende Saison selbst zu gewinnen, sollte zuallererst überprüfen, ob die gewählte Sorte auch zur Samengewinnung taugt. Das Stichwort hierzu ist „hybrid", was bedeutet, dass diese Sorte speziell aus zwei sortenreinen „Eltern" gekreuzt wurde und darum in dieser ersten Generation bestimmte Eigenschaften erfüllt. Ein Beispiel dafür wäre, dass ein bestimmter Ernteertrag gewährleistet ist und alle Früchte zugleich reif werden. Hybride Sorten müssen mit der Bezeichnung F1 auf der Samenpackung ausgewiesen werden. Der Nachteil dieser Hochleistungssorten ist, dass sie schlecht weiterzuvermehren sind und dass, sollte man keimfähiges Saatgut aus ihnen gewinnen, die daraus entstehenden Pflanzen die Eigenschaften der F1-Sorte nicht gewährleisten. Für den Hobbygärtner ist dies also absolut unattraktiv, denn wenn nicht sicher ist, ob die gewonnenen Samen keimen, ist der Aufwand viel zu groß. Wer also selbst Samen gewinnen möchte, sollte dies **aus Pflanzen aus biologischem Anbau** tun, am besten **aus alten Sorten**, die in der jeweiligen Region erprobt sind und die als „samenfest" bezeichnet werden. Dies bedeutet, dass die aus diesen Pflanzen gewonnenen Samen auf jeden Fall keimfähig sind und dass die Eigenschaften der Pflanze erhalten bleiben, wenn nicht gekreuzt wurde.

In einer Frucht genügend Saatgut für das nächste Jahr

Zur Gewinnung von Saatgut genügt meist eine einzige Frucht. Bei Tomaten entfernt man das Fruchtfleisch, in dem sich die Samen befinden, aus der Frucht und gibt dieses in ein Glas Wasser. Nach etwa zwei Tagen haben sich die Samen von dem Fruchtfleisch gelöst, die Flüssigkeit wird durch ein Sieb abgegossen und die Samen dann auf ein Küchentuch gegeben. Meist befinden sich noch Reste der Hülle an den Samen, diese werden vorsichtig mit Küchentuch abgerubbelt. Dann legt man die Samen auf ein trockenes Küchentuch und lässt sie **richtig gut trocknen**. Lieber zu lange als zu kurz trocknen lassen, denn Samenkörner, die nicht ordentlich getrocknet wurden, können zu schimmeln beginnen. Die so gewonnenen Samen können bis zu fünf Jahre haltbar sein und Tomatenpflanzen hervorbringen.

Ähnlich verhält es sich bei Gurkensamen. Auch diese sind, wie die Samen der Tomate, in der Frucht von einer schützenden Hülle umgeben, die das Keimen verhindern soll. Um die Gurkensamen von dieser Schicht zu befreien, wird genauso vorgegangen wie bei den Tomatensamen. Sind die Samen nach zwei Tagen Wasserbad von der Schutzschicht befreit, legt man sie auf ein Küchentuch, entfernt vorsichtig die letzten Reste der glitschigen Hüllen und lässt die Samen trocknen.

Etwas einfacher ist es bei Paprika, Pfefferoni und Chilis, da die Samen dieser Pflanzen nicht mit einer schützenden Hülle umgeben sind, sondern praktisch „trocken" in der Frucht liegen. Man nimmt die Samen aus der Frucht, achtet darauf, dass keine Reste des weißen Fruchtfleisches daran haften, denn diese verkleben beim Trocknen, und lässt die Samen in Ruhe trocken. Bei sehr scharfen Sorten sollten zum Entnehmen der Samen Handschuhe getragen werden!

Zucchinisamen werden so wie Gurkensamen aus der vollreifen Frucht gewonnen, dies ist bei Zucchini daran erkennbar, dass die Haut nicht mehr einfach mit dem Fingernagel eingeritzt werden kann. Damit liegt die Frucht wie bei der Gurke bereits über der sogenannten Genussreife. Diese wird erreicht, indem man die Frucht nach der Ernte ein bis zwei Monate **nachreifen** lässt, dann erst werden die Samen entnommen und eingeweicht, damit sich die Reste des Fruchtfleisches einfacher ablösen lassen. Auch diese Samen müssen gut getrocknet werden, bevor sie in Tütchen oder Gläsern aufbewahrt werden können.

Zucchini- und Gurkensamen werden aus der vollreifen Frucht gewonnen.

Ebenso verhält es sich mit Kürbissen verschiedenster Sorten. Bei der Entnahme von Kürbissamen sollte darauf geachtet werden, dass die nächsten Zierkürbisse in einem Abstand von mindestens 300 Metern wachsen. Für den Taschengärtner ist dies normalerweise kein Problem, denn selten bauen Stadtbewohner Zierkürbisse auf ihren Balkonen an, doch es sollte trotzdem nicht unerwähnt bleiben. Zierkürbisse sind ungenießbar und schmecken bitter – wenn also ein Speisekürbis mit einem Zierkürbis gekreuzt wird, so werden die Samen dieses Speisekürbisses diese Kreuzung hervorbringen: ungenießbare Kürbisse. Dies will der motivierte Gärtner natürlich vermeiden.

Bis zur Reife wird es noch einige Wochen dauern!

Für Taschengärtner, die die höheren Weihen des Gärtnerns erhalten wollen, sollte hier nicht unerwähnt bleiben, dass, um die oben beschriebene Kreuzung mit Zierkürbissen zu vermeiden, natürlich künstlich befruchtet werden kann. Hierzu muss der Gärtner wissen, dass Kürbisgewächse zweigeschlechtlich sind, dass sich also immer weibliche und männliche Blüten an einer Frucht befinden. Möchte man sortenreine Samen für die nächste Saison gewinnen, so sucht man sich also eine weibliche Blüte aus, diese ist am verdickten Stielansatz erkennbar, und wartet, bis diese sich öffnet. Mit einem Pinsel wird nun die Arbeit erledigt, die normalerweise die tüchtigen Insekten für den Gärtner machen: Man stäubt etwas vom Blütenstaub einer männlichen Blüte auf die Blütennarbe der weiblichen Pflanze. Diesen Vorgang wiederholt man einige Male, dazwischen muss die Blüte mit einem feinen Netz bedeckt werden, damit keine Insekten „dazwischenfunken". Sobald die Blüte eine Frucht entwickelt, ist es fast geschafft. Diese Art des Bestäubens kann natürlich auch bei anderen Pflanzen vorgenommen werden, es stellt sich aber für den Hobbygärtner immer die Frage, ob man diesen Aufwand betreiben will, nur um sortenrein zu bleiben. Bei Kürbissen sollte es so gemacht werden, wenn Zierkürbisse in der Nähe wachsen.

INFO | Samen gewinnen

Bei allen Pflanzen gilt: die Samen nicht im prallen Sonnenlicht trocknen lassen, das schadet ihnen! Die Früchte müssen vor der Entnahme der Samen **voll ausgereift** sein, bei Tomaten also prall und rot, sie dürfen ruhig schon aufplatzen. Bei Paprika, Pfefferoni und Chilis gilt: Meist ernten wir die Früchte zu früh, um sie zu genießen, hier sollte eine Frucht zur Samengewinnung gewählt werden und wirklich bis zur vollen Reife und Farbentfaltung hängen bleiben. Bei Gurken liegt die volle Reife über der Genussreife, das heißt, dass die Frucht dann nicht mehr grün, sondern gelb ist. Sowohl Gurken als auch Zucchini und Kürbisse sollten vor der Samenentnahme nachreifen. Dazu legt man die geerntete Frucht einige Wochen an einen dunklen Ort, bevor man die Samen entnimmt, Zucchini und Kürbisse kann man ohne Weiteres ein bis zwei Monate lang nachreifen lassen.

Auch **Salatsamen** können selbst gewonnen werden! Salat bildet, wenn er „auswächst", einen Blütenstand, an dem natürlich auch Samen reifen. Wer sich entschlossen hat, es mit selbst gezogenen Salatsamen zu versuchen, sollte zur Saatgutgewinnung jenen Salat auswählen, der zuletzt mit dem Auswachsen beginnt. Diesen einzelnen Salat lässt man bis zur Blüte und Reifung gelangen, entfernt aber regelmäßig braune und verwelkte Blätter an der Pflanze. Außerdem sollte die Pflanze gestützt

Einmal nicht aufgepasst und schon
wächst der Salat aus!

Die Salatpflanze zeigt schon Blüten
und Knospen.

Die feinen Salatsamen werden in
einem Tuch aufgefangen.

werden, sobald sie droht, umzuknicken. Die Samen sind zwölf bis 24 Tage nach der Blüte reif, dies wird getestet, indem man eine Samenkapsel zwischen den Fingern zerdrückt. Zerfällt diese und gibt die Samen frei, sind die Samen ausgereift! Ist dies der Fall, schneidet man die Pflanze ab und hängt sie verkehrt herum auf. Man legt ein Stück Papier oder Küchenrolle unter die hängende Pflanze und wartet einfach darauf, dass die Samen herausfallen. Die Pflanze kann auch in einen Stoffsack gegeben und aufgehängt werden, dann reifen die Samen noch ein wenig nach und fallen erst dann heraus. Wie auch immer vorgegangen wird: Salatsamen sind richtig winzig und es erfordert noch einiges an Geduld, die kleinen Samen von Staub, Fasern und Resten der Pflanze zu befreien. Ein Fall für den geduldigen Taschengärtner!

Wichtiges in Kürze!

Was kann ich im Sommer machen?

- Fleißig gießen und Vorkehrungen für den Urlaub treffen
- Bewässerungssysteme für den Urlaub vor ihrem Einsatz testen
- Unkraut jäten und genießbare Wildkräuter verarbeiten
- Nachsäen von Salaten und Säen von Herbstgemüsen
- Ernte von Kräutersamen für die nächste Saison
- Ernte der ersten frischen Salate, Tomaten, Gurken, Zucchini – und was sonst noch alles reif ist
- Die Erde aus abgeernteten Taschen auf Schädlinge prüfen, in einem größeren Behälter sammeln.
- Pflanzvliese vorbereiten, falls bereits kühle Nächte zu erwarten sind.
- Samen gewinnen für die nächste Saison: trocknen, verpacken und beschriften
- Erste Überlegungen zum Einlagern: Sammeln von Einweckgläsern und Behältern für getrocknete Kräuter, Sammeln von Rezepten zum Einwecken

Herbst: die große Ernte – und was dann?

Die schönste Jahreszeit für den Gärtner ist neben den Blütenfreuden im Frühling und der Pflanzenpracht im Sommer sicher der Herbst – die Zeit der Ernte. Je nach Pflanze und je nachdem, wann die Pflanzen nach draußen gesetzt wurden, kann zwischen September und dem ersten Frost geerntet werden. Salate und Kräuter stehen den ganzen Sommer über bereit, schnell wachsende Kräuter wie Kresse können immer wieder nachgesät werden. Den meisten Pflanzen sieht der erfahrene Gärtner an, wann es Zeit ist, die Gartensaison zu beenden, für den Gartenanfänger gilt: Wenn Pflanzen wie Tomaten, Paprika, Gurken oder Kürbisse im Oktober noch Blüten bekommen, sieht das zwar sehr schön aus, doch hier ist nicht mehr mit Früchten zu rechnen.

Ernten, Lagern und haltbar machen

Der **September** ist sicherlich der reichste Erntemonat. Tomaten, Zucchini, Gurken, Paprika und Chilis können täglich frisch geerntet werden, zusammen mit Pflücksalaten und verschiedensten Kräutern. Pflanzentriebe mit frischen Blüten dürfen bei Tomaten und Co. nun getrost gekürzt werden, diese Blüten werden keine Früchte mehr entwickeln und rauben der Pflanze Kraft. Dies gilt auch für die Kürbispflanzen, die nun in voller Pracht stehen. Die Blüten der Kürbispflanzen lassen sich gut verarbeiten, sie können gefüllt und gebacken werden. Die Kürbisfrüchte werden erst geerntet, wenn sie voll ausgereift sind. Vor allem Sorten, die lange lagerfähig sind, sollten eine feste Schale entwickelt haben und keine Druckstellen oder Verletzungen aufweisen. Dann können sie in einem kühlen Raum monatelang gelagert werden. Kürbisse eignen sich aber auch hervorragend zum Einwecken, zum Beispiel mit den frischen Chilischoten aus dem Taschengarten auf indische Art. So hat man bis in das folgende Frühjahr selbst angebauten Kürbis aus dem Glas.

Wer besonders viele Tomaten an seinen Pflanzen hat, kann auch diese für den Winter haltbar machen, selbst gemachtes Sugo schmeckt herrlich und bringt die eigene Ernte auch im Winter auf den Tisch.

Nachreifen

Sind auf den Tomatenpflanzen noch unreife Früchte, so kann man die Taschen nun in die Wohnung bringen, wo sie vor der herbstlichen Witterung und den ersten Nachtfrösten geschützt nachreifen können. Sollte dies aber platztechnisch nicht möglich sein, so können Tomaten durchaus grün geerntet werden und zum Nachreifen in eine Schale gelegt werden,

Reiche Ernte aus der Tasche

vorzugsweise mit einem Apfel, der den Reifevorgang beschleunigt. Es sollte täglich kontrolliert werden, ob nicht die eine oder andere Frucht faul geworden ist, diese muss entsorgt werden. Tomaten benötigen zum Nachreifen übrigens nur Wärme, sie brauchen dazu kein Licht. Optimal für diese Nachernte sind 18 bis 20 Grad Raumtemperatur.

Auch unreife Paprika können nachreifen, allerdings ist die Gefahr groß, dass die Früchte in der warmen Wohnung schrumpeln und zäh werden. Wie auch für Tomaten bietet sich zum Nachreifen noch eine andere Methode: Ab September kann in den Nächten ein Vlies über die Pflanze gegeben werden, das vor der Nachtkälte schützt. Schützendes Vlies für Pflanzen ist in Gärtnereien und Baumärkten erhältlich, das Einpacken der Pflanzen ist natürlich mit etwas Arbeit verbunden. Pflanzvlies ist leicht lichtdurchlässig, die Pflanze muss also nicht täglich wieder ausgepackt werden, allerdings sollte weiterhin gegossen werden.

Tomaten reifen bei guter Sonneneinstrahlung bis in den Oktober. Dann wird die Sonne meist zu schwach, um noch eine Reifung herbeizuführen. Die verbliebenen grünen Früchte sollten unbedingt vor dem ersten Frost geerntet werden. Bei Chilis, Pfefferoni und Paprika verhält es sich ähnlich: Verbliebene Früchte sollten vor dem Wintereinbruch vom Strauch genommen werden.

Tomaten reifen in einer Schale mit einem Apfel nach.

Kartoffeln nach Abwelken des Krautes nicht mehr gießen

Am meisten Überraschung bietet die Ernte der Kartoffeln, da man bis zur Ernte nicht sieht, was sich in der großen Tasche verbirgt. Kartoffeln sind erntereif, wenn sich das Kraut „zurückgezogen" hat, das heißt, wenn die Pflanze, die sich im Sommer noch prächtig grün präsentiert hat, die Blätter hängen lässt und diese braun und verschrumpelt werden. Praktisch für den Gärtner ist es, danach noch eine Woche zu warten und nicht mehr zu gießen, dann kann die Erde in der Tasche austrocknen und die Ernte fällt leichter. Gartenhandschuhe überstreifen und auf Schatzsuche gehen!

Pro Kartoffelpflanze sollte nicht mit mehr als einem Kilogramm Kartoffeln gerechnet werden, außerdem entwickeln verschiedene Pflanzen unterschiedliche Ernteergebnisse – für Freude ist aber auf jeden Fall gesorgt! Am besten lässt sich die Kartoffelernte wohl feiern, indem man die frisch geernteten Kartoffeln wäscht, viertelt und mit Olivenöl und frischem Rosmarin im Ofen brutzeln lässt, bis die Schale schön knusprig ist.

Im **September** können auch noch immer Winterspinat, Portulak oder Feldsalat in Kistchen und Taschen an einem geschützten Ort auf Balkon und Terrasse gesät werden. Diese winterharten Sorten werden dann bis in den Frühling geerntet.

Kartoffeln aus dem Jutesack

Im **Oktober** geht das Gartenjahr langsam zu Ende. Während die Gärtner mit Beeten nun für eine gute Düngung ihrer kleinen Felder sorgen müssen, wird es für den Taschengärtner langsam **Zeit, die transportablen Beete einzusammeln**. Die abgeernteten Pflanzen werden aus der Erde genommen und mit dem Biomüll entsorgt, die Erde sollte nun in einem großen Behälter gesammelt werden. Dazu empfehlen sich Säcke, Wannen oder Kübel, die an einem geschützten Ort aufbewahrt werden. Im Frühling eignen sich diese großen Behälter dann zum Aufbereiten der Erde, je nach Pflanze mit Pferdemist, Hornspänen oder Sand. Es kann auch frische Erde mit der „verbrauchten" Erde gemischt oder aber die Erde mit Biodünger gedüngt werden, diese fertig zubereiteten Dünger gibt man aber erst im Frühjahr zur Erde. Mehr Informationen dazu sind im Kapitel „Dünger" zusammengefasst.

Die Anzuchterde für die jungen Pflanzen sollte im Frühling frisch gekauft und nicht vom Vorjahr aufgehoben werden. Das Aufbewahren der mit Erde gefüllten einzelnen Taschen empfiehlt sich nicht, denn zum einen benötigt dies viel Platz, zum anderen besteht die Gefahr, dass die Taschen im Winter spröde werden und im Frühling reißen, sobald sie aufgehoben werden. Auch das Düngen der Erde ist in den großen Behältern praktischer. Pferdemist und Kuhdung werden im besten Fall bereits im Herbst mit der Erde vermischt, Hornspäne oder Gesteinsmehl gibt man dann im Frühling vor dem Einpflanzen hinzu.

Für welche Variante der **Aufbewahrung der Erde** und der **Düngung** sich der Taschengärtnerneuling entscheidet, hängt sicher sehr stark vom Platz ab, der zur Verfügung steht. Erde kann gut im Keller aufbewahrt werden, dort können auch die Düngemittel, die im Frühjahr beigegeben werden sollen, schon bereitgestellt werden. Für Gartenfreunde, die nur einen Balkon zur Verfügung haben, empfiehlt es sich, erst im Frühjahr wieder neue Erde und Düngemittel zu besorgen, da der Platz beschränkter ist. Diese logistischen Entscheidungen sind im ersten Gartenjahr manchmal nicht einfach, wichtig ist aber lediglich, dass die Erde aus den Taschen kommt. Alles Weitere wird die Erfahrung zeigen!

INFO | **Richtig einwintern**

Mehrjährige Pflanzen können auch auf Balkon und Terrasse überwintert werden. Dazu bedarf es einiger Vorkehrungen. Zuerst müssen die Pflanzen, meist sind es Kräuter, gekürzt werden. Je nach Pflanze wird dies im Spätsommer oder Herbst erledigt, danach wird die Pflanze nicht mehr geschnitten, da Schnittstellen eine gewisse Zeit zum Verheilen brauchen. Keine Pflanze wird es danken, wenn man sie zwei Tage vor dem ersten Frost noch durch das Abschneiden von Trieben verletzt. Die meisten Pflanzen werden auf eine Länge von etwa 15 Zentimetern gekürzt, einzig bei den Erdbeeren wird nichts weggeschnitten.

Wenn nun die Nächte kalt werden, ist die erste Maßnahme, die Pflanzen von exponierten Stellen auf Balkon und Terrasse, an die Wind und Regen gelangen, an einen geschützten Ort zu bringen. An der Hauswand oder Balkontür ist es immer wärmer und auch windstiller. Sodann gilt es zu überlegen, wo man die Pflanzen unterbringen kann und möchte. Pflanzen, die den Winter überstehen können, möchten in dieser Zeit ein wenig Ruhe haben, also kühlere Temperaturen und weniger Licht. Es ist also nicht sinnvoll, die Überwinterungsgäste in die beheizte Wohnung zu bringen. Taschengärtner, die einen Keller oder ein kühles Treppenhaus zur Verfügung haben, können ihre Schützlinge dort unterbringen. Für sie gilt: Die Pflanzen werden nur noch mäßig gegossen, also etwa alle zwei Wochen.

Für die Balkongärtner, die keine Möglichkeit haben, ihre Pflanzen drinnen zu überwintern, gibt es einige hilfreiche **Tipps**, die Pflanzen über den Winter zu bringen. Nachdem ein geschützter Platz auf Terrasse oder Balkon gewählt wurde, werden die Pflanzen, noch bevor die ersten Nachtfröste kommen, mit Holzwolle, Blättern oder feinem Reisig bedeckt, um das Grün vor der Kälte zu schützen. Sodann werden auf die Stellen, an denen die Gefäße mit den Pflanzen stehen sollen, Styroporplatten gelegt. Dieses Dämmmaterial ist im Baumarkt, meist in etwas großen Packungen, erhältlich. Hier bietet sich die Möglichkeit, mit anderen Gärtnern zu teilen, sodass man nicht alleine eine Großpackung kaufen muss, oder aber sofort weiterzudenken und aus den Platten Boxen zu bauen. Styroporplatten lassen sich mit einfachen Holzschrauben – man benötigt dazu nicht einmal einen Bohrer – zu Boxen zusammenschrauben. Diese schützen optimal vor der Kälte, da sie von allen Seiten warm halten.

Egal, ob nun die Box oder einfach die Platte gewählt wird – die Pflanze sollte zusätzlich noch mit Pflanzvlies geschützt werden. Dazu schneidet man ein der Tasche entsprechendes Stück Vlies ab, stellt die Tasche darauf und bindet das Vlies über der Pflanze zu. Dabei gilt es darauf zu achten, eine Stelle anzulegen, durch die man gießen kann. Gegossen wird in der Folge nur an frostfreien Tagen, am besten um die Mittagszeit, wenn es wärmer ist. Die Gießintervalle hängen von der Witterung ab: in milden, trockenen Wintern wird man öfter gießen wollen und auch können als in nassen, kalten Monaten.

Die winterlichen Vorkehrungen sind unbedingt notwendig, wenn man eine Taschenpflanze durch den Winter bringen will, aber leider keine Garantie, dass es auch gelingt. Pflanzen, die ursprünglich aus dem mediterranen Raum kommen, wie Rosmarin oder Salbei, sind einfach sehr empfindlich gegen Kälte. Meist ist das erste Jahr der Überwinterung auch wesentlich kritischer als die nachfolgenden, in denen die Pflanze schon kräftiger und robuster ist.

Eine Styroporplatte wird auf die passende
Größe zugeschnitten.

Die Platten werden zu einer Box zusammen-
geschraubt.

Pflanzvlies schützt empfindlichere Pflanzen
zusätzlich vor der Kälte.

Bereit für die Überwinterung

Wichtiges in Kürze!

Was kann ich im Herbst machen?

- Pflanzen kürzen, die noch weiter in die Länge wachsen,
  um die Reifung der Früchte zu begünstigen.
- Einkochen und Einwecken überschüssiger Ernte
- Tomaten zum Nachreifen richtig lagern
- Säen von winterfesten Salatsorten
- Sammeln der Erde aus den Taschen in einem großen Behälter
- Vermischen der gesammelten Erde mit Kuhdung oder Pferdemist,
  so das gewünscht ist.
- In kühlen Nächten Pflanzvliese um die verbliebenen Pflanzen geben
  – trotzdem nicht aufs Gießen vergessen!
- Samen für die nächste Saison: trocknen, verpacken und beschriften
- Vorbereiten der mehrjährigen Pflanzen auf den Winter

Winter: Zeit für neue Ideen

Der Winter ist für den Taschengärtner keine tote Zeit! Ganz im Gegenteil, nun können all die Dinge erledigt werden, die ob der großen Gartenfülle nie zum Zug kamen. Motivierte Gärtner, die Samen aus ihrer Ernte gewonnen haben, können diese nun in Ruhe sortieren, eventuell neu eintüten und beschriften, wenn diese verschenkt werden sollen. Beschriften? Ja, unbedingt. Anfangs verfällt man gerne der Idee, man könne sich an jede einzelne potenzielle neue Pflanze erinnern, es ist aber nicht so. Nach vier harten Wintermonaten wird man nicht mehr wissen, welche Samen sich in welchem Glas oder Briefumschlag befinden. Das Aufbewahren der Samen in Tüten oder Umschlägen aus Papier ist platzsparend und bietet außerdem die Möglichkeit, einen richtigen **Karteikasten** anzulegen, in dem man die Samen nach den Monaten ihrer Aussaat ordnen kann. Ein herrliches System, das einen guten Überblick verschafft und ab Ende Februar Licht in die Gartensaison bringt!

Der Winter bietet außerdem wunderbare Gelegenheiten, mit anderen Gärtnern in Kontakt zu treten, neue Ideen zu entwickeln und all die Fehler des vergangenen Gartenjahres aufzuarbeiten. Das Anlegen eines

Karteikasten mit Samen-packungen

Das Gartentagebuch –
so vergeht die garten-
lose Zeit.

Gartentagebuchs oder eines eigenen Gartenkalenders ist, sofern dies nicht bereits im laufenden Jahr geschehen ist, die optimale Beschäftigung für die kalten **Novembertage**. Im Pflanztagebuch wird notiert, welche Pflanzen welche Standorte sehr geliebt haben, welche Pflanzen nicht gut gedeihen wollten, welche besondere Freude bereitet haben und was im kommenden Jahr unbedingt anders gemacht werden muss.

Fotomaterial kann nun in Ruhe gesichtet und geordnet werden und vielleicht sind Bilder dabei, die geteilt werden möchten – ein Fotobuch oder ein **Fotokalender** mit Motiven aus dem eigenen Garten ist ein wunderbares Weihnachtsgeschenk. Für mitteilungsfreudige Gärtner bietet sich die Möglichkeit, mittels eines Blogs im Internet die eigenen Erfahrungen und Bilder zu teilen und so mit anderen Gärtnern auf der ganzen Welt in Kontakt zu treten.

INFO　　Gärtnern im Internet: Gartenblogs

Im Zeitalter von Internet und social media tauschen sich viele Gärtner über ihre eigenen Gartenseiten und diverse Foren aus – Gartenblogs lautet das Zauberwort. Was aber ist ein Blog? Diese Wortschöpfung ist aus den Worten Web für Internet und Logbuch entstanden. Blogs sind Internetseiten von Privatpersonen, die diese als eine Art Logbuch für ihre Hobbys und Reisen verstehen oder für andere Dinge, die sie der Welt sonst mitzuteilen haben. Das Besondere an Blogs ist, dass es an sich vorgesehen ist, auf diesen Plattformen mittels Kommentaren miteinander in Kontakt treten zu können. So entsteht ein reger Austausch zu dem Thema, mit dem sich der Blog beschäftigt. Manche Autoren sperren die Kommentarfunktion aber auch und verwenden den Blog wie eine übliche Internetseite. Der positive Unterschied zwischen einem Blog und einer herkömmlichen Website ist, dass man Blogs kostenfrei anlegen kann, man bezahlt also weder für die Internetadresse noch für den sogenannten Webspace, also den Platz, den die Seite auf einem Server braucht. Blogs in einem Buch vorzustellen birgt einige Gefahren – erstens wird es nie eine vollständige Liste geben, zweitens sind Inhalte im Internet vergänglich. Wer weiß, ob es sie morgen noch gibt. Trotzdem sollte hier eine Liste von Blogs angeführt werden, die hilfreiche Tipps zum Gärtnern geben und auch zum Austausch anregen und die während der Recherche zu diesem Buch immer wieder meinen Weg kreuzten.

http://balkongemuese.wordpress.com

http://www.tomatl.net

http://der-kleine-horrorgarten.blogspot.de

http://gaertnerblog.de/blog

http://meinbalkon.blogspot.co.at

Der Gartenkalender mit Fotos aus dem eigenen Garten

Im **Dezember**, wo nur noch Küchenkräuter auf der Fensterbank gedeihen und vielleicht einige Sorten winterharten Gemüses noch den Balkon zieren, gibt es für den Gärtner nicht viel zu tun. Nachdem im November die organisatorischen Arbeiten erledigt wurden, bietet es sich nun an, einen Teil der Ernte aus dem eigenen Garten zu hübschen Weihnachtsgeschenken zu verarbeiten. Neben selbst gefertigten Pflanzenbüchern oder -kalendern können getrocknete Kräuter oder selbst gemachtes Kräutersalz zu besonders persönlichen Geschenken gewandelt werden.

Es bleibt **Zeit für neue Gartenpläne** und Zeit für Recherche. Was kann noch bepflanzt werden? Diese Frage dürfte den Taschengärtner, der voll Freude die erste Gartensaison hinter sich gebracht hat, wahrscheinlich am meisten beschäftigen. Der gärtnerischen Kreativität müssen keine Grenzen gesetzt werden, ausprobieren ist angesagt. Was beachtet werden muss, ist einzig, dass die jeweiligen Pflanzen genug Erde und genügend Licht zum Gedeihen erhalten.

Wenn der eigene Dachboden oder Keller keine Schätze mehr hervorbringt, kann der Winter hervorragend zum **Besuch von Flohmärkten** genutzt werden. Ein altes Teeservice als Kräuterbeet, alte Waschschüsseln als Pflanzgefäße für Chilis oder Körbe und Einkaufstaschen aus Omas Zeit können erworben und für den Frühling vorbereitet werden.

Alte Werkzeugkisten aus Metall oder Holz sehen schmuck aus und können vor der Bepflanzung auch noch in den eigenen Lieblingsfarben lackiert werden. Alles, was Platz für Erde bietet, kann letztendlich als Heim für die Pflanzen der kommenden Saison dienen.

INFO | Pflanztagebuch

Ein Pflanztagebuch ist vor allem für den frisch gebackenen Gärtner eine hervorragende Idee. In den gartenleeren Wintermonaten wird geplant: Welche Pflanzen kann ich wo in meiner Wohnung selbst ansäen und dort auch aufbewahren, bis sie nach draußen können? Wo kann ich die Pflanzen dann auf Balkon und Terrasse unterbringen? Wo auf meinem Balkon ist viel Sonne, wo mehr Schatten? All diese Beobachtungen, Wünsche und Vorstellungen werden im Pflanztagebuch vermerkt. Im Frühling können Verbesserungswünsche eingetragen, schlechte Entscheidungen vermerkt oder die besonders guten Ideen hervorgehoben werden: DAS will ich kommendes Jahr wieder so machen, dies aber sicher nicht. Das Pflanztagebuch ist eine gute Unterstützung für die kommenden Jahre, denn vieles merkt man sich in der Fülle nicht. Welche Tomatensorten besonders gut getragen haben und wo die Pflanzen gekauft wurden, welche Tasche die beste Heimat für Rote Rüben und Karotten war und warum die Kartoffeln an diesem Platz besonders gute Ernte brachten: All das wird im Tagebuch vermerkt.

Nach einigen Jahren wird der motivierte Gärtner feststellen, dass er mithilfe seiner eigenen Anmerkungen die optimale Umgebung für die Pflanzen auf kleinstem Raum geschaffen hat und zudem viele Fehler vermeiden kann, die sich sonst gern einmal wiederholen.